Stefan Beck

Zertifizierung nach ISO/IEC 27001:2013. Änderungsbedarf und Handlungsempfehlungen für Unternehmen aufgrund der Norm-Aktualisierung

GRIN Verlag

Bibliografische Information der Deutschen Nationalbibliothek:

Die Deutsche Bibliothek verzeichnet diese Publikation in der Deutschen National-bibliografie; detaillierte bibliografische Daten sind im Internet über http://dnb.d-nb.de/ abrufbar.

Impressum:

Copyright © 2015 GRIN Verlag GmbH
Druck und Bindung: Books on Demand GmbH, Norderstedt Germany
ISBN: 978-3-656-93806-4

Dieses Buch bei GRIN:

http://www.grin.com/de/e-book/295945/zertifizierung-nach-iso-iec-27001-2013-aenderungsbedarf-und-handlungsempfehlungen

GRIN - Your knowledge has value

Der GRIN Verlag publiziert seit 1998 wissenschaftliche Arbeiten von Studenten, Hochschullehrern und anderen Akademikern als eBook und gedrucktes Buch. Die Verlagswebsite www.grin.com ist die ideale Plattform zur Veröffentlichung von Hausarbeiten, Abschlussarbeiten, wissenschaftlichen Aufsätzen, Dissertationen und Fachbüchern.

Besuchen Sie uns im Internet:

http://www.grin.com/

http://www.facebook.com/grincom

http://www.twitter.com/grin_com

Aktualisierung der ISO/IEC 27001:
Änderungsbedarf und Handlungsempfehlungen

Masterarbeit
zur Erlangung des Grades Master of Science
des Fachbereichs Wirtschaft der
Fachhochschule Brandenburg

vorgelegt von:
Diplom-Betriebswirt (FH) Stefan Beck

Coverbild:
pixabay.com

Inhaltsverzeichnis

Abbildungsverzeichnis

Tabellenverzeichnis

Abkürzungsverzeichnis

BCM	Business Continuity Management
BCMS	Business Continuity Management System
BS	British Standard
BSI	British Standards Institution
BSI	Bundesamt für Sicherheit in der Informationstechnik
Bzw.	Beziehungsweise
Ca.	Circa
CD	Committee draft
CEN	Comité Européen de Normalisation
d	Tag
d. h.	Das heißt
DAkkS	Deutsche Akkreditierungsstelle
DIN	Deutsche Institut für Normung
Dipl.	Diplom
DIS	Draft International Standard
Dr.	Doktor
Dt.	Deutsch
Ebd.	Ebenda
EG	Europäische Gemeinschaft
EN	Europäische Norm
Erh.	Erhöhung
Etc.	Et cetera
FDIS	Final draft International Standard
Geb.	Geboren
Ggf.	Gegebenenfalls
H.	Havel
HLS	High level structure
IAF	International Accreditation Forum

IEC	International Electrotechnical Commission
IS	Informationssicherheit
ISMS	Informationssicherheitsmanagementsystem
ISO	International Organization for Standardization
IT	Informationstechnologie
ITU	International Telecommunication Union
i.V.m.	In Verbindung mit
Kfm.	Kaufmann
KVP	Kontinuierlicher Verbesserungsprozess
Matr.-Nr.	Matrikelnummer
NP	New work item proposal
OECD	Organisation for Economic Co-operation and Development
o. Ä.	Oder Ähnliches
PAS	Public Available Specification
PDCA	Plan-Do-Check-Act
Prof.	Professor
PT	Personentage
PWI	Preliminary work item
S.	Seite
SOA	Statement of Applicability
TMB	Technical Management Board
UN	United Nations
VO	Verordnung
Verr.	Verringerung
WD	Working draft
WTO	World Trade Organization
z. B.	Zum Beispiel
z. T.	Zum Teil

1 Motivation

Immer mehr (kommerzielle) Anwendungen werden über das Internet zur Verfügung gestellt.[1] Für über das Internet erreichbare Anwendungen bzw. Systeme erhöht sich der Kreis potenzieller Angreifer enorm, da aufgrund der Vernetzung von vielen mit dem Internet verbundenen Systemen aus ein Angriff erfolgen kann. Um Risiken zu reduzieren und Schäden zu vermeiden, muss ein angemessenes Niveau an Informationssicherheit vorhanden sein. Ohne ein solches Maß an Informationssicherheit, um diesen Risiken zu begegnen, kann eine Organisation in der heutigen Zeit nicht erfolgreich tätig sein.[2]

Ein gestiegenes Interesse an dem Thema Informationssicherheit lässt sich an der gestiegenen Anzahl von ISO[3]/IEC[4]-27001[5]-zertifizierten Organisationen ablesen. So besaßen im Jahr 2013 22.293 Organisationen ein derartiges Zertifikat.[6] Im Vergleich zum Vorjahr (2012: 19.620) bedeutet das einen Anstieg von 2.673 Zertifikaten bzw. 14 %.[7]

Die „International Organization for Standardization" (kurz: ISO, dt. „Internationale Organisation für Normung") als Herausgeber der Norm ISO/IEC 27001 aktualisiert ihre Normen in regelmäßigen Abständen (Abschnitt 3.4 „Änderungen an ISO-Dokumenten", S. 19 dieser Masterarbeit).[8] Die erste Aktualisierung der ersten Version dieser Norm, der ISO/IEC 27001:2005, wurde im vergangenen Jahr mit der ISO/IEC 27001:2013 veröffentlicht.[9] Aufgrund der großen Anzahl von Organisationen, welche die Anforderungen der ISO/IEC 27001-Norm umsetzen, habe ich mich entschlossen die Aktualisierung dieser Norm in meiner Masterarbeit näher zu untersuchen.

---

[1] Fuhrberg, K., 2001: Internet-Sicherheit. München, S. 1
[2] Humphreys, E., 2002: Guidelines on Requirements and Preparation for ISMS Certification based on ISO/IEC 27001. London, S. 7
[3] International Organization for Standardization, kurz: ISO, dt. „Internationale Organisation für Normung"
[4] International Electrotechnical Commission, kurz: IEC, dt. „Internationale Elektrotechnische Kommission"
[5] ISO/IEC, 2013: ISO/IEC 27001: Information technology - Security techniques - Information security management systems – Requirements (dt. "Informationstechnik - IT-Sicherheitsverfahren - Informationssicherheits-Managementsysteme – Anforderungen")
[6] ISO, 2013: The ISO Survey of Management System Standard Certifications – 2013. http://www.iso.org/iso/iso_survey_executive-summary.pdf?v2013. Genf, S. 1. Zugegriffen am: 27.12.2014
[7] ebenda, S. 1
[8] ISO/IEC, 2014: ISO/IEC Direktiven, Teil 1. Genf, S. 33
[9] ISO/IEC, 2013: ISO/IEC 27001:2013. Genf, S. 21

2 Zielsetzung der Masterarbeit

Im Oktober 2013 haben die ISO und die IEC die überarbeitete Version der Norm für Informationssicherheits-Managementsysteme (ISMS), die ISO/IEC 27001:2013, herausgebracht.[10] Organisationen, welche nach der nunmehr alten Norm ISO/IEC 27001:2005 zertifiziert sind oder sich Norm-konform aufgestellt haben, stehen nun geänderten ISMS-Anforderungen gegenüber. Die vorliegende Masterarbeit möchte die wesentlichen Änderungen dieser zweiten Version der Norm gegenüber der ersten Version untersuchen.

Die Aktualisierung der Norm ISO/IEC 27001:2005 führt aufgrund der Änderungen an der Norm zu einem Anpassungsbedarf in Organisationen. Die Masterarbeit soll Unterstützung für den notwendigen Veränderungsprozess bieten. Hierzu werden nach einer Einführung zunächst die wesentlichen Änderungen zwischen den beiden Versionen (ISO/IEC 27001:2005 und ISO/IEC 27001:2013) aufgezeigt. Dabei soll die Frage beantwortet werden, was am bestehenden ISMS geändert bzw. ergänzt werden muss und welche Inhalte obsolet geworden sind.

Darüber hinaus beinhaltet die Masterarbeit Vorschläge, wie mit den geänderten Anforderungen umgegangen werden sollte und bietet Handlungsempfehlungen an, wie die notwendigen Änderungen vorgenommen werden können. Dabei wird beschrieben, welche Annahmen getroffen wurden, welche Voraussetzungen gegeben sein müssen und welche Schritte zum gewünschten Ergebnis führen.

Eine weitere wichtige Fragestellung, die im Rahmen dieser Masterarbeit beantwortet wird, ist, welcher Aufwand aufgrund dieser Veränderungen für Organisationen in etwa resultiert. Die geschätzten Aufwendungen stellen aufgrund der Heterogenität von Organisationen und dem implementierten ISMS nur Richtwerte dar.

---

[10] ISO/IEC, 2013: ISO/IEC 27001:2013. Genf, S. i

Um Erfahrungen aus der Praxis und die Einschätzungen von Experten hinsichtlich dieser neuen Norm in die Masterarbeit einfließen zu lassen, wird eine Expertenbefragung durchgeführt. Dabei werden insbesondere folgende Fragestellungen beantwortet:

- Gibt es Handlungsbedarf für ISO/IEC 27001:2005-zertifizierte Organisationen?
- Welcher geschätzte Aufwand resultiert daraus?
- Sind unterschiedlich große Organisationen unterschiedlich stark von den Veränderungen der Norm betroffen?
- Wie dringend müssen die notwendigen Veränderungen angegangen werden?
- Wie gehen die Organisationen derzeit mit der neuen ISO/IEC 27001:2013 um (z. B. abwartend, aktiv)?
- Welche wesentlichen Auswirkungen sind bei integrierten Managementsystemen (kurz: IMS) zu erwarten?
- Welche Auswirkung hat die Überarbeitung der Norm auf interessierte Organisationen bzw. wie werden diese Organisation die Neufassung beurteilen (positiv, neutral, negativ)?

Diese Expertenbefragung kann Organisationen als nützliche Hilfe bei der eigenen Meinungs- und Entscheidungsfindung sowie bei der Festlegung der organisationsspezifischen Vorgehensweise dienen.

Den größten Mehrwert dieser Masterarbeit bietet für Organisationen der entwickelte Handlungsleitfaden. Darin wird für Organisationen ein grober Leitfaden mit Empfehlungen aufgezeigt, welche Handlungsfelder wie und in welcher Reihenfolge bearbeitet werden sollten sowie was dabei zu beachten ist und mit welchen Aufwendungen jeweils ungefähr zu rechnen ist. Dieser Handlungsleitfaden unterstützt Organisationen bei der Umsetzung der geänderten Anforderungen und folglich bei der Vorbereitung auf eine erfolgreiche Zertifizierung nach ISO/IEC 27001:2013.

3 Internationale Normung

Die internationale Normung gewinnt aufgrund der zunehmenden Verflechtung internationaler Wirtschaftsräume immer mehr an Bedeutung.[11] Organisationen, die am Handel mit Waren und Dienstleistungen teilnehmen, müssen sich z. B. auf die Beschaffenheit dieser Erzeugnisse verlassen können und benötigen definierte Fachbegriffe, um möglichst eindeutig zu kommunizieren. Dies sind nur zwei Beispiele, warum Normung sinnvoll ist. Aufgrund der internationalen Vernetzung, ist es sinnvoll auch die Normung international vorzunehmen und zu gestalten. Um die vorhandenen Normen möglichst einheitlich zu harmonisieren und neue Normen in internationalem Konsens zu erstellen[12], wurden verschiedene, internationale Normungsorganisationen aufgebaut, wie zum Beispiel:

- ISO
- IEC
- CEN (Comité Européen de Normalisation, dt. „Europäisches Komitee für Normung")[13]

Nach der Definition der EU-Kommission in Art. 1 Nr. 3, 98/34/EG[14] ist eine „technische Spezifikation" eine „Spezifikation, die in einem Schriftstück enthalten ist, das Merkmale für ein Erzeugnis vorschreibt, wie Qualitätsstufen, Gebrauchstauglichkeit, Sicherheit oder Abmessungen, einschließlich der Vorschriften über Verkaufsbezeichnung, Terminologie, Symbole, Prüfungen und Prüfverfahren, Verpackung, Kennzeichnung und Beschriftung des Erzeugnisses sowie über Konformitätsbewertungsverfahren."[15]

Nach der Definition der EU-Kommission in Art. 1 Nr. 6, 98/34/EG ist eine Norm eine technische Spezifikation, die folgende Anforderungen erfüllt[16]:
1. Von einem anerkannten Normungsgremium angenommen
2. Für die wiederholte oder ständige Anwendung bestimmt

---

[11] Niedziella, W., 2007: Wie funktioniert Normung?. Berlin, S. 37
[12] ISO Grundprinzipien: http://www.iso.org/iso/home/standards_development.htm. Zugegriffen am: 23.11.2014
[13] Niedziella, W., 2007: Wie funktioniert Normung?. Berlin, S. 37
[14] EG: Europäische Gemeinschaft
[15] Europäische Kommission, 2005: Richtlinie 98/34/EG: Ein Instrument für die Zusammenarbeit zwischen Institutionen und Unternehmen zur Gewährleistung eines reibungslosen Funktionierens des Binnenmarktes; Leitfaden zum Informationsverfahren auf dem Gebiet der Normen und technischen Vorschriften und der Vorschriften für die Dienste der Informationsgesellschaft. http://ec.europa.eu/enterprise/policies/single-market-goods/files/brochure-guide-procedure/2003_2121_de.pdf. Luxemburg, S. 18. Zugegriffen am: 12.12.2014
[16] ebenda, S. 22

3. Einhaltung ist freiwillig

4. Der Öffentlichkeit zugänglich

Die ISO/IEC 27001 erfüllt diese Anforderung, da sie von einem anerkannten Normungsgremium, nämlich der ISO/IEC, nicht nur angenommen, sondern herausgegeben wird.[17] Darüber hinaus ist sie für die wiederholte bzw. ständige Anwendung in Organisationen bestimmt.[18] Schließlich ist die Einhaltung der ISO/IEC 27001 nicht zwingend vorgeschrieben[19] und sie ist öffentlich zugänglich (z. B. Beuth Verlag[20]).

Nach Niedziella ist Normung „die planmäßige, durch die betroffenen Fachkreise gemeinschaftlich durchgeführte Vereinheitlichung von materiellen und immateriellen Gegenständen zum Nutzen der Allgemeinheit."[21]
Auch diese Definition erfüllt die ISO/IEC 27001. Sie wurde durch das Anwenden der ISO/IEC Direktiven zur Erstellung einer Norm (Abschnitt 3.3 „Die Entstehung einer neuen ISO/IEC-Norm", S. 7 dieser Masterarbeit) von Experten erstellt.[22] Sie stellt außerdem eine Standardisierung eines immateriellen Gegenstandes, nämlich eines ISMS, dar. Ziel der ISO/IEC-Normenarbeit ist, dass die Allgemeinheit davon profitiert.[23]

In diesem Zusammenhang muss beachtet werden, dass im internationalen Kontext das Wort „Standard" (engl. „standard") als Synonym für „Norm" verwendet wird (z. B. „International Standard ISO/IEC 27001"[24]). In dieser Masterarbeit wird hierfür der deutsche Begriff „Norm" genutzt.

3.1 International Organization for Standardization (ISO)

Die „International Organization for Standardization" ist ein Zusammenschluss von 164 nationalen Normungsorganisationen (z. B. für Deutschland das „Deutsche Institut für Normung", kurz: DIN) mit Sitz in Genf (Schweiz)[25]. Die international einheitliche Kurzbezeichnung ist „ISO"[26]. Die ISO wurde am 23. Februar 1947 gegründet[27] und hat

---

[17] ISO/IEC, 2013: ISO/IEC 27001:2013. Genf, S. ii

[18] ebenda, S. v, 1

[19] ISO, 2011: ISO in brief. http://www.iso.org/iso/isoinbrief_2011.pdf. Genf, S. 1. Zugegriffen am 12.12.2014

[20] www.beuth.de

[21] Niedziella, W., 2007: Wie funktioniert Normung?. Berlin, S. 16

[22] ISO/IEC, 2013: ISO/IEC 27001:2013. Genf, S. iv

[23] ISO, 2014: Economic benefits of standards (dt. "Ökonomische Vorteile von Normen"). http://www.iso.org/iso/ebs_case_studies_factsheets.pdf. Genf, S. 3. Zugegriffen am: 16.11.2014

[24] ISO/IEC, 2013: ISO/IEC 27001:2013. Genf, S. i (Deckblatt)

[25] ISO, 2013: ISO in figures 2013. http://www.iso.org/iso/iso_in_figures-2013.pdf. Genf, S. 1. Zugegriffen am 29.12.2014

[26] ISO ist abgeleitet vom griechischen Wort „isos" (dt. „gleich")

[27] Internationale Organisation für Normung: http://de.wikipedia.org/wiki/Internationale_Organisation_f%C3%BCr_Normung. Zugegriffen am: 21.08.2014

momentan 138 Vollzeitbeschäftigte[28]. Mit Hilfe der nationalen Normungsorganisationen bzw. deren Delegationen (Wirtschaftsvertreter, Verbände etc.) werden internationale Normen erarbeitet und durch die ISO veröffentlicht.[29] Gegenwärtig bestehen über 18.600 ISO-Normen.[30]

Die ISO unterhält eine strategische Partnerschaft mit der World Trade Organization (kurz: WTO, dt. „Welthandelsorganisation") zur Förderung eines freien und fairen globalen Handelssystems.[31] Darüber hinaus arbeitet sie mit den United Nations (kurz: UN, dt. „Vereinte Nationen") zusammen.[32] Insgesamt unterhält die ISO Vereinbarungen mit über 700 internationalen und regionalen Organisationen.[33]

Die ISO ist zuständig für alle internationalen Normen mit Ausnahme von Elektrik und Elektronik sowie Telekommunikation.[34] Für Normen der Elektrik und Elektronik ist die Normenorganisation „International Electrotechnical Commission" (kurz: IEC, dt. „Internationale Elektrotechnische Kommission"), für diejenigen der Telekommunikation die „International Telecommunication Union" (kurz: ITU, dt. „Internationale Fernmeldeunion")[35] zuständig.[36] Bei den internationalen Normen werden die beteiligten Organisationen vor der Referenznummer durch Schrägstrich getrennt genannt (z. B. ISO/IEC 27001:2013).[37] Die drei Organisationen ISO, IEC und ITU bilden die „World Standards Coorporation" (kurz: WSC, dt. „Welt-Normen-Gesellschaft").[38]

Die internationalen Normen können von den nationalen Normungsorganisationen in nationale Normen übernommen werden.[39] Um dies für den Leser kenntlich zu machen wird die Bezeichnung der nationalen Normungsorganisation vor die internationale(-n) Normungsorganisation(-en) vorangestellt: z. B. DIN ISO/IEC 27001:2005. Für die übersetzten Versionen sind die nationalen Normungsorganisationen verantwortlich.[40]

Die Implementierung von ISO-Normen innerhalb einer Organisation ist grundsätzlich freiwillig.[41] Jedoch können Gesetze, Verordnungen o. Ä. die Umsetzung von Normen und sogar den Nachweis dessen durch ein gültiges Zertifikat fordern (z. B.

---

[28] ISO, 2013: ISO in figures 2013. http://www.iso.org/iso/iso_in_figures-2013.pdf. Genf, S. 1. Zugegriffen am 29.12.2014
[29] ISO, 2011: ISO in brief. http://www.iso.org/iso/isoinbrief_2011.pdf. Genf, S. 2. Zugegriffen am 12.12.2014
[30] ebenda, S. 3
[31] ebenda, S. 3
[32] ebenda, S. 3
[33] ebenda, S. 3
[34] Niedziella, W., 2007: Wie funktioniert Normung?. Berlin, S. 55
[35] ISO/IEC Information Centre: http://www.standardsinfo.net/info/aboutstd.html. Zugegriffen am: 23.11.2014
[36] Niedziella, W., 2007: Wie funktioniert Normung?. Berlin, S. 11
[37] Calder A., Watkins S., 2012: IT Governance. London, S. 37
[38] Wikipedia, Internationale Organisation für Normung, http://de.wikipedia.org/wiki/Internationale_Organisation_f%C3%BCr_Normung. Zugegriffen am: 21.08.2014
[39] ISO, 2011: ISO in brief. http://www.iso.org/iso/isoinbrief_2011.pdf. Genf, S. 4. Zugegriffen am 12.12.2014
[40] Niedziella, W., 2007: Wie funktioniert Normung?. Berlin, S. 39
[41] ISO, 2011: ISO in brief. http://www.iso.org/iso/isoinbrief_2011.pdf. Genf, S. 4. Zugegriffen am 12.12.2014

Energiewirtschaftsgesetz i.V.m. IT[42]-Sicherheitskatalog, EU-Zahlstellenverordnung). Zertifizierungen werden nicht durch die ISO, sondern durch bei nationalen Akkreditierungsstellen (in Deutschland: Deutsche Akkreditierungsstelle, kurz: DAkkS) akkreditierte Konformitätsbewertungsstellen durchgeführt (Abschnitt 3.5 „Zertifizierung", S. 21 dieser Masterarbeit).

3.2 International Electrotechnical Commission (IEC)

Die „International Electrotechnical Commission" (kurz: IEC, dt. „Internationale Elektrotechnische Kommission") ist die für Normungsaktivitäten auf dem Gebiet der Elektrotechnik und Elektronik zuständige[43], internationale Organisation mit Sitz in Genf[44]. Die IEC wurde im Jahr 1906 gegründet[45] und hat derzeit 60 Vollmitglieder[46].

Bei den Ergebnissen der Normungsaktivitäten handelt es sich um unverbindliche Empfehlungen[47]: Publikationen, Technische Spezifikationen, Technische Berichte und „Public Available Specification" (kurz: PAS, dt. „öffentlich verfügbare Spezifikation").[48] Diese müssen von den IEC-Mitgliedsstaaten nicht in das jeweilige nationale Normenwerk übernommen werden.[49] Die IEC-Veröffentlichungen werden in der Nummernreihe 60000, z. B. IEC 60127-2 Geräteschutzsicherungen, publiziert.[50]

3.3 Die Entstehung einer neuen ISO/IEC-Norm

Die ISO und die IEC haben gemeinsame ISO/IEC Direktiven mit Regeln zur Normungsarbeit vereinbart[51], welche aus zwei Teilen bestehen[52]:
1. ISO/IEC Direktive, Teil 1: Verfahren für technische Arbeiten (engl.: „procedures for the technical work")
2. ISO/IEC Direktive, Teil 2: Regeln für die Struktur und das Verfassen von internationalen Normen (engl.: „rules for the structure and drafting of International Standards")

---

[42] IT: Informationstechnologie
[43] Niedziella, W., 2007: Wie funktioniert Normung?. Berlin, S. 55
[44] ebenda, S. 53
[45] ebenda, S. 53
[46] IEC, http://www.iec.ch/dyn/www/f?p=103:5:0. Zugegriffen am: 23.11.2014
[47] Niedziella, W., 2007: Wie funktioniert Normung?. Berlin, S. 55
[48] ebenda, S. 58
[49] ebenda, S. 58
[50] ebenda, S. 58
[51] ebenda, S. 59
[52] ISO/IEC, 2014: ISO/IEC Direktiven, Teil 1. Genf, S. viii

Die Inhalte dieses Abschnitts sowie der enthaltenen Unterabschnitte sind aus der ISO/IEC Direktive, Teil 1 entnommen und von mir übersetzt worden. Die Referenzierung auf die ISO/IEC Direktive, Teil 1 erfolgt in diesem Abschnitt sowie den darin enthaltenen Unterabschnitten, sofern es sich um Inhalte aus dieser Direktive handelt, auf Absatzebene.

Diese ISO/IEC Direktiven legen die grundlegenden Verfahren für die Erstellung und Pflege von internationalen Normen und anderen Publikationen fest[53], die von der ISO und der IEC beim Ausführen ihrer technischen Arbeiten (z. B. Unterkomitees) zu beachten sind[54]. Damit arbeiten die beiden Normungsorganisationen, ISO und IEC, nach denselben Grundsätzen und Verfahren.[55] Die ISO/IEC Direktiven wurden auch von der „ISO/IEC/JTC 1 Information Technology" (dt. „ISO/IEC/JTC 1 Informationstechnik"), übernommen.[56]

Die Erstellung und Pflege von ISO-Normen obliegt den sogenannten „Technischen Komitees" (engl. „technical committees") bzw. „Unterkomitees" (engl. „subcommittees"). Die Arbeiten an der Norm ISO/IEC 27001 wurden bzw. werden vom ersten gemeinsamen Technischen Komitee der ISO und IEC, dem „ISO/IEC/JTC 1 Information Technology", vorgenommen.[57] Dieses hat im Jahr 1987 seine Arbeit aufgenommen.[58]

In der ISO bestehen derzeit 237[59] Technische Komitees. Alle nationalen Normungsorganisationen (z. B. DIN für Deutschland) haben das Recht in den Technischen Komitees bzw. Unterkomitees mitzuwirken. Das heißt, die ISO und die IEC haben aus jedem Land jeweils nur ein Mitglied, welches die gesamten Normungsinteressen des Landes zu vertreten hat.[60] Für Deutschland nimmt die DIN in der ISO sowie in der IEC teil.[61]

Die nationalen Normungsorganisationen haben die Wahl als P-Mitglied, als O-Mitglied oder gar nicht an der Normierungsarbeit teilzuhaben. P-Mitglieder wirken aktiv an der Normenarbeit mit. Dies beinhaltet die Verpflichtungen, dass innerhalb des Technischen Komitees an allen Wahlen teilgenommen und zu Besprechungen beigetragen werden muss. Die O-Mitglieder verfolgen die Normenarbeit als Beobachter. Sie erhalten die Dokumente aus den Komitees, dürfen Kommentare abgeben und an den

---

[53] ISO/IEC, 2014: ISO/IEC Direktiven, Teil 1. Genf, S. vii
[54] ebenda, S. viii
[55] Niedziella, W., 2007: Wie funktioniert Normung?. Berlin, S. 59
[56] ISO/IEC, 2014: ISO/IEC Direktiven, Teil 1. Genf, S. vii
[57] Niedziella, W., 2007: Wie funktioniert Normung?. Berlin, S. 59
[58] ebenda, S. 59
[59] ISO, http://www.iso.org/iso/home/standards_development/list_of_iso_technical_committees.htm. Zugegriffen am: 24.08.2014
[60] Niedziella, W., 2007: Wie funktioniert Normung?. Berlin, S. 37
[61] ebenda, S. 37

Besprechungen teilnehmen. Unabhängig von ihrem Status innerhalb von Komitees, haben die nationalen Normungsorganisationen das Recht über Vorschläge und finale Entwürfe von internationalen Normen abzustimmen.[62] Die nationalen Normungsorganisationen können zu jeder Zeit den Status ihrer Mitgliedschaft hinsichtlich aller Technischen Komitees bzw. Unterkomitees ändern. Hierzu sind das Sekretariat des betreffenden Komitees sowie das Sekretariat des Vorstandsvorsitzenden zu informieren.[63]

Die Technischen Komitees werden durch den „Technischen Vorstand" (engl. „technical management board", kurz: TMB) gegründet und aufgelöst.[64] Dieser Technische Vorstand ist gesamtverantwortlich für die technische Arbeit (z. B. Aufbau von Technischen Komitees, Freigabe von Programmen von Technischen Komitees) und berichtet an den „ISO Council" (dt. „ISO Vorstand").[65] Den Vorschlag zum Tätigwerden in einem neuen Bereich, der die Etablierung eines neuen Technischen Komitees erforderlich macht, kann beispielsweise von einer nationalen Normungsorganisation, dem TMB oder dem „Chief Executive Officer" (kurz: CEO, dt. „Vorstandsvorsitzender") kommen.[66]

Zunächst ist von den Technischen Komitees (engl. „technical committee") ein strategischer Businessplan für ihren Aufgabenbereich anzufertigen. Bei dessen Erstellung sollen beispielsweise das Geschäftsumfeld, die Expansionsbereiche, Revisionsbedarfe und Aussagen über die zukünftige Entwicklung in diesem Bereich berücksichtigt werden. Dieser Businessplan muss formal vom jeweiligen Technischen Komitee bestätigt werden, bevor er als Bestandteil des regelmäßigen Berichts zur Überprüfung und Freigabe an den Technischen Vorstand übermittelt wird.[67]

Bei der Erstellung ihres jeweiligen Programms müssen die Technischen Komitees bzw. die Unterkomitees sektorenspezifische Anforderungen ebenso berücksichtigen wie Anforderungen von Quellen, die außerhalb dieses Technischen Komitees liegen (z. B. Organisationen, außerhalb von ISO und IEC).[68]

Die Erstellung einer ISO-Norm wird in Form eines Projekts geplant und durchgeführt. Bereits in der Planungsphase muss das Technische Komitee bzw. das Unterkomitee Fertigstellungsdaten für die einzelnen Projektschritte von der Erstellung bis zur Veröffentlichung angeben. Diese Planungsdaten müssen sich an der kürzest

---

[62] ISO/IEC, 2014: ISO/IEC Direktiven, Teil 1. Genf, S. 6
[63] ebenda, S. 7
[64] ebenda, S. 3
[65] ebenda, S. 1
[66] ebenda, S. 3
[67] ebenda, S. 19
[68] ebenda, S. 20

möglichen Entwicklungszeit orientieren.[69] Für die Dauer der Erstellung einer Norm sind standardmäßig 36 Monate bis zur Veröffentlichung vorgesehen. Neben diesem Standardprozess gibt es noch jeweils einen beschleunigten (24 Monate) und einen verlängerten (48 Monate) Prozess.[70]

Die nachfolgende Tabelle gibt einen Überblick über die einzelnen Projektschritte sowie die jeweils korrespondierenden Dokumentnamen und englischen Abkürzungen.

Projektschritt	Korrespondierendes Dokument	
	Name	ISO/IEC-Abkürzung (engl.)
Vorstadium	Vorbereitung eines Arbeitsauftrages	PWI[71]
Vorschlag	Vorschlag eines Arbeitsauftrages (a)	NP[72]
Erstellung	Arbeitsentwurf/Arbeitsentwürfe (a)	WD[73]
Komitee	Komitee-Entwurf/Komitee-Entwürfe (a)	CD[74]
Prüfung	Entwurf einer ISO-Norm	DIS[75]
Zustimmung	Endgültiger Normenentwurf (a)	FDIS[76]
Veröffentlichung	ISO-Norm	ISO, IEC oder ISO/IEC
(a) Kann weggelassen werden.		

Tabelle 1: Projektschritte und zugehörige Dokumente eines Projekts zur Erstellung einer ISO-Norm

Quelle: ISO/IEC, 2014: ISO/IEC Direktiven, Teil 1. Genf, S. 20 (eigene Übersetzung)

Die nachfolgende Tabelle zeigt die einzelnen Phasen bis zur Veröffentlichung einer ISO-Norm auf. Für ein derartiges Projekt sehen die ISO/IEC Direktiven drei unterschiedliche Prozesse vor: Standardprozess, „Entwurf mit Vorschlag übermittelt" und „Fast-track"-Prozess.

---

[69] ISO/IEC, 2014: ISO/IEC Direktiven, Teil 1. Genf, S. 20
[70] ISO/IEC, 2014: ISO/IEC Direktiven, Teil 1. Genf, S. 22
[71] PWI: preliminary work item
[72] NP: new work item proposal
[73] WD: working draft
[74] CD: committee draft
[75] DIS: draft International Standard (ISO)
[76] FDIS: final draft International Standard

Projektphase	Standardprozess	Entwurf mit Vorschlag übermittelt	„Fast-track"-Prozess
Vorschlag	Akzeptanz des Vorschlags	Akzeptanz des Vorschlags	Akzeptanz des Vorschlags
Erstellung	Anfertigen des Arbeitsentwurfs	Bearbeitung durch eine Arbeitsgruppe (a)	-
Komitee	Erstellung und Abstimmung des Komitee-Entwurfs	Erstellung und Abstimmung des Komitee-Entwurfs (a)	-
Prüfung	Erstellung und Annahme des ISO-Normenentwurfs	Erstellung und Annahme des ISO-Normenentwurfs	Annahme des ISO-Normenentwurfs
Zustimmung	Freigabe des endgültigen Normenentwurfs (a)	Freigabe des endgültigen Normenentwurfs (a)	Freigabe des endgültigen Normenentwurfs (a)
Veröffentlichung	Veröffentlichung der ISO-Norm	Veröffentlichung der ISO-Norm	Veröffentlichung der ISO-Norm
(a) Kann weggelassen werden.			

Tabelle 2: Vereinfachte Darstellung der Projektschritte zur Erstellung einer ISO-Norm

Quelle: ISO/IEC, 2014: ISO/IEC Direktiven, Teil 1. Genf, S. 63 (eigene Übersetzung, angepasste Darstellung)

3.3.1 Vorstadium

Im Projektschritt „Vorstadium" werden für die vermeintlich zu bearbeitenden Themen sogenannte „preliminary work items"-Dokumente (kurz: PWI, dt. „vorläufiger Arbeitsauftrag") erstellt. Für alle im Businessplan enthaltenen Themen sollte ein derartiges Dokument erstellt werden. Daneben werden für solche Themen PWIs verfasst, die nach derzeitigem Stand noch nicht die Reife für den nächsten Projektschritt besitzen und/oder für die noch kein Fertigstellungsdatum genannt werden kann. Diese Phase kann für die Ausarbeitung eines PWI oder eines initialen Entwurfs genutzt werden. Bevor dieser Projektschritt abgeschlossen und in den nächsten überführt werden kann, müssen die PWIs, Entwürfe etc. durch einfache Mehrheit der

P-Mitglieder freigeben werden. Der dabei anzuwendende Freigabeprozess ist der gleiche, wie im folgenden Projektschritt „Vorschlag".[77]

3.3.2 Vorschlagsphase

Im Projektschritt „Vorschlag" wird das Dokument „new work item proposal" (dt. „neuer Vorschlag eines Arbeitsauftrages") erstellt. Es enthält den Vorschlag zur Erstellung einer neuen Norm, eines neuen Teils einer Norm, einer technischen Spezifikation (engl. „Technical Specification") oder einer öffentlich verfügbaren Spezifikation. Ein neuer Vorschlag eines Arbeitsauftrages innerhalb eines bestehenden Komitees kann von folgenden Entitäten gemacht werden:

- nationalen Normungsorganisationen
- Sekretariat des Komitees
- anderen Komitees
- verbundenen Organisationen
- TMB oder einer ihrer Beratungsgruppen
- Vorstandsvorsitzender[78]

Der Vorschlagende sollte alle Anstrengungen unternehmen, um einen „ersten Arbeitsentwurf" (engl. „first working draft") zur Diskussion stellen zu können. Mindestens aber muss der Vorschlag textuell grob skizziert und ein Projektleiter (engl. „project leader") nominiert werden. Der Vorschlag muss an das Sekretariat des Vorstandsvorsitzenden oder an das Sekretariat des zuständigen Komitees übermittelt werden. Sie können diesem ersten Arbeitsentwurf Kommentare und/oder Empfehlungen hinzufügen. Anschließend muss dieser erste Arbeitsentwurf an die Mitglieder des Komitees übermittelt werden. Die Abstimmung sollte innerhalb von drei Monaten abgeschlossen sein. Die nationalen Normungsorganisationen müssen ihrer Wahl (Zustimmung oder Ablehnung) eine Begründung (engl. „justification statement") hinzufügen. Andernfalls wird ihre Wahl nicht berücksichtigt.[79]

Erhält der Vorschlag des ersten Arbeitsentwurfs eine einfache Mehrheit der P-Mitglieder des betreffenden Komitees, gilt er als angenommen. Darüber hinaus muss ein Minimum von P-Mitgliedern zusichern, das Projekt aktiv zu unterstützen:

- Komitees mit 16 oder weniger P-Mitgliedern: Mindestens vier P-Mitglieder
- Komitees mit 17 oder mehr P-Mitgliedern: Mindestens fünf P-Mitglieder[80]

---

[77] ISO/IEC, 2014: ISO/IEC Direktiven, Teil 1. Genf, S. 23 und 24
[78] ISO/IEC, 2014: ISO/IEC Direktiven, Teil 1. Genf, S. 24
[79] ebenda, S. 25
[80] ebenda, S. 25

Dabei werden nur diejenigen P-Mitglieder gezählt, welche dem Vorschlag zugestimmt haben.

Wesentlich für die aktive Unterstützung sind das Nominieren von technischen Experten und das Kommentieren von Arbeitsentwürfen in der nachfolgenden Erstellungsphase (engl. „preparatory stage").[81]

3.3.3 Erstellungsphase

Der Ergebnistyp der Erstellungsphase ist ein Arbeitsentwurf. Er wird vom Projektleiter gemeinsam mit den nominierten Experten erarbeitet. Die P-Mitglieder, welche die aktive Mitarbeit zugesichert haben, müssen ihre nominierten Experten bestätigen. Darüber hinaus können von verbundenen Organisationen (A- oder D-Liaison) und weiteren P-Mitgliedern Experten nominiert werden.[82]

Um Verzögerungen im weiteren Projektverlauf zu vermeiden, müssen alle Anstrengungen unternommen werden, um eine englische und französische Version des Arbeitsentwurftextes zu erstellen. Falls eine dreisprachige (deutsch, englisch, russisch) Norm vorbereitet wird, ist dieser Entwurfstext zudem in russischer Sprache anzufertigen.[83]

Die Erstellungsphase ist abgeschlossen, sobald ein Arbeitsentwurf als erster Komitee-Entwurf für die Verteilung an die Mitglieder des Komitees vorhanden ist. Darüber hinaus muss dieser Entwurf beim Sekretariat des Vorstandsvorsitzenden registriert sein. Um Markterfordernissen zu genügen, kann das Komitee entscheiden, den finalen Arbeitsentwurf als öffentlich verfügbare Spezifikation zu veröffentlichen.[84]

3.3.4 Komiteephase

In der Komiteephase werden insbesondere die Kommentare der nationalen Normungsorganisationen berücksichtigt, um Konsens hinsichtlich der technischen Inhalte zu erzielen. Komitees können entscheiden die Komiteephase zu überspringen, wie in Tabelle 2 „Vereinfachte Darstellung der Projektschritte zur Erstellung einer ISO-Norm" auf Seite 11 dieser Masterarbeit im „Fast-track"-Prozess dargestellt.[85]

Sobald ein Komitee-Entwurf vorhanden ist, muss er an alle P- und O-Mitglieder des Komitees verteilt werden. Dabei ist ein eindeutiges Datum anzugeben bis zu dem Antworten übermittelt sein müssen. Den nationalen Normungsorganisationen muss

---

[81] ISO/IEC, 2014: ISO/IEC Direktiven, Teil 1. Genf, S. 25
[82] ebenda, S. 26
[83] ebenda, S. 27
[84] ebenda, S. 27
[85] ebenda, S. 27

eine im zuständigen Komitee abgestimmte Dauer von zwei, drei oder vier Monaten zur Beantwortung eingeräumt werden. Standardmäßig werden zwei Monate für die Kommentierung eines Komitee-Entwurfs angesetzt.[86]

Spätestens vier Wochen nach dem Ende der Kommentierungsphase des Komitee-Entwurfs muss das Sekretariat eine Zusammenstellung der Kommentare vorbereiten und die Verteilung an alle P- und O-Mitglieder des Komitees arrangieren. Dabei muss das Sekretariat einen Vorschlag unterbreiten, wie weiter vorgegangen werden soll. Dieser Vorschlag wird in Abstimmung mit dem Vorsitzenden des Technischen Komitees bzw. Unterkomitees und, falls notwendig, dem Projektleiter erarbeitet. Der Vorschlag kann folgende Alternativen enthalten:

1. Diskussion des Komitee-Entwurfs und der Kommentare in der nächsten Besprechung
2. Verteilung eines überarbeiteten Komitee-Entwurfs zur Prüfung
3. Den Komitee-Entwurf für die Prüfungsphase vorsehen[87]

Für die Alternativen zwei und drei muss das Sekretariat in der Zusammenstellung der Kommentare kenntlich machen, wie mit den jeweils empfangenen Kommentaren umgegangen worden ist. Anschließend ist sie den P-Mitgliedern zuzuleiten.[88]

Falls innerhalb von zwei Monaten nach dem Versand der Zusammenstellung zwei oder mehr P-Mitglieder den Vorschlag des Sekretariats ablehnen, muss der Entwurf in einer Besprechung diskutiert werden.[89] Sollte auch in dieser Besprechung keine Einigung erzielt werden, ist ein weiterer Entwurf anzufertigen. Darin sind alle in der Besprechung erzielten Beschlüsse zu dokumentieren und der Entwurf innerhalb von drei Monaten zu verteilen. Den nationalen Normungsorganisationen muss eine im zuständigen Komitee abgestimmte Dauer von zwei, drei oder vier Monaten zur Beantwortung dieses sowie jeweils für alle weiteren Entwürfe eingeräumt werden.

Die Erstellung und Prüfung von weiteren Entwürfen muss solange fortgesetzt werden, bis die P-Mitglieder einem Entwurf zustimmen oder die Entscheidung getroffen wurde, das Projekt abzubrechen oder zurückzustellen.[90]

Nachhaltig geäußerte Ablehnungen haben das Recht gehört zu werden. Beim Vorliegen einer derartigen Opposition muss die Leitung zunächst untersuchen, ob es sich um eine nachhaltige Ablehnung handelt. Dies setzt voraus, dass die Ablehnung von einem wichtigen Teil der Vertreter betroffener Interessen geäußert wird. Ist da

---

[86] ISO/IEC, 2014: ISO/IEC Direktiven, Teil 1. Genf, S. 27
[87] ebenda, S. 25
[88] ebenda, S. 25
[89] ebenda, S. 28
[90] ebenda, S. 28

nicht der Fall, wird die Leitung die Ablehnung dokumentieren und damit fortfahren die Arbeit an dem Dokument zu leiten. Liegt hingegen eine nachhaltige Ablehnung vor, ist die Leitung aufgefordert die Lösung gutgläubig anzugehen. Nichtsdestotrotz ist eine nachhaltige Ablehnung nicht gleichbedeutend mit einem Vetorecht. Die Vorgabe die nachhaltige Ablehnung aufzugreifen bedeutet nicht, sie lösen zu müssen. Die Verantwortung zur Untersuchung, ob Konsens besteht, liegt allein bei der Leitung. Vertreter, welche die nachhaltige Ablehnung hervorgebracht haben, können Beschwerde gemäß den ISO/IEC Direktiven einlegen.[91]

Beim Vorliegen von Zweifeln, ob Konsens vorliegt, kann innerhalb der ISO bzw. des „Joint Technical Committee 1" (kurz: JTC 1, dt. „gemeinsames technisches Komitee") eine Wahl abgehalten werden. Das Vorliegen einer Zweidrittelmehrheit der P-Mitglieder des Komitees kann als ausreichend angesehen werden, um den Komitee-Entwurf als Prüfungsentwurf anzumelden. Nichtsdestotrotz müssen alle Anstrengungen unternommen werden, die negativen Stimmabgaben beizulegen.[92]

Wurde Konsens innerhalb eines Komitees erreicht, muss das entsprechende Sekretariat die finalisierte Version in elektronischer Form innerhalb von vier Monaten an die nationalen Normungsorganisationen und an das Büro des Vorstandsvorsitzenden senden. Im Falle eines Unterkomitees ist es zudem an das Sekretariat des Technischen Komitees zu übermitteln. Darüber hinaus muss das Sekretariat den vorgeschlagenen Entwurf einer internationalen Norm (engl. „draft International Standard", kurz: DIS) in elektronischer Form zusammen mit dem Erläuterungsreport, der Zusammenstellung der Kommentare und der aufgrund von Kommentaren vorgenommenen Aktivitäten an das zentrale ISO Sekretariat übermitteln.[93]

Die Komiteephase endet, wenn alle technischen Fragen geklärt, ein Komitee-Entwurf zur Verteilung als Prüfungsentwurf freigegeben und dieser vom Büro des Vorstandsvorsitzenden registriert wurde. Sollten nicht alle technischen Fragen innerhalb der vorgegebenen Zeiten gelöst werden, können Komitees in Betracht ziehen, ein Zwischenergebnis in Form einer technischen Spezifikation (engl. „Technical Specification") zu veröffentlichen.[94]

---

[91] ISO/IEC, 2014: ISO/IEC Direktiven, Teil 1. Genf, S. 28
[92] ebenda, S. 29
[93] ebenda, S. 29
[94] ebenda, S. 29

3.3.5 Prüfungsphase

In der Prüfungsphase muss das Büro des Vorstandsvorsitzenden den Entwurf einer ISO-Norm (engl. „draft International Standard", kurz: DIS) an alle nationalen Normungsgremien senden. Diese haben innerhalb von drei Monaten zu wählen. Am Ende der Wahlperiode muss der Vorstandsvorsitzende die Ergebnisse der Wahl zusammen mit ggf. empfangenen Kommentaren innerhalb von vier Wochen an den Vorsitzenden sowie an das Sekretariat des betreffenden Komitees senden. Die Wahlaussagen der nationalen Normungsgremien müssen eindeutig sein, d. h. zustimmend, ablehnend oder enthaltend. Eine zustimmende Wahlstimme kann einen redaktionellen oder technischen Kommentar enthalten. Falls ein nationales Normungsgremium einen Entwurf einer ISO-Norm für nicht akzeptabel befindet, soll es ablehnend wählen und die technischen Gründe hierfür nennen. Eine Zustimmung unter Bedingungen (z. B. Änderung einer technischen Spezifikation) ist nicht möglich.[95]

Der Entwurf einer ISO-Norm ist akzeptiert, falls die folgenden Bedingungen zutreffen:
- Zweidrittel der P-Mitglieder des Komitees stimmen zu
- Nicht mehr als ein Viertel der gesamten Wahlstimmen ablehnend wählen

Enthaltungen werden dabei ebenso wenig gezählt wie ablehnende Wahlstimmen, welche ohne technische Begründung abgegeben wurden. Kommentare, die nach der Wahlperiode empfangen wurden, werden an das Sekretariat des Komitees weitergeleitet, um bei der nächsten Überprüfung der internationalen Norm berücksichtigt werden zu können.[96]

Sobald die Ergebnisse der Wahl sowie die ggf. vorhandenen Kommentare empfangen wurden, muss der Vorsitzende des Komitees in Zusammenarbeit mit dem Sekretariat und dem Projektleiter sowie in Abstimmung mit dem Büro des Vorstandsvorsitzenden eine der folgenden Aktivitäten vornehmen:
- Falls die vorgenannten Bedingungen zur Akzeptanz eines Entwurfs einer ISO-Norm erfüllt sind: Fortfahren mit der Veröffentlichungsphase.
- Falls diese Bedingungen zur Akzeptanz eines Entwurf einer ISO-Norm nicht erfüllt sind:
  - Verteilung eines überarbeiteten Entwurfs einer ISO-Norm
  - Verteilung eines überarbeiteten Komitee-Entwurfs zur Kommentierung
  - Diskussion des Entwurfs einer ISO-Norm und diesbezüglicher Kommentare in der nächsten Besprechung
- Optional kann die Leitung des Komitees beschließen, dass die im folgenden Abschnitt beschriebene Zustimmungsphase (engl. „approval stage") angewandt

[95] ISO/IEC, 2014: ISO/IEC Direktiven, Teil 1. Genf, S. 29
[96] ebenda, S. 29

wird. Die Leitung des Komitees sollte die Entscheidung anhand der folgenden Kriterien vornehmen und die Mitglieder des Komitees angemessen darüber informieren:

- o Wahlergebnisse und Kommentare
- o Kenntnis des Komitees und des Themengebiets
- o ISO Global Relevance policy (dt. „weltweite ISO Relevanz Politik")

Gibt eine bedeutende Anzahl an Ländern mit einem großen Interesse an diesem Themengebiet Kommentare zu einem Entwurf einer ISO-Norm ab, die substanzielle technische Änderungen nach sich ziehen, dann ist weitere Normenarbeit und eine Wahlperiode zum endgültigen Normenentwurf notwendig.

- Falls der Entwurf einer ISO-Norm keine ablehnenden Wahlstimmen erhalten hat, wird mit der Veröffentlichungsphase fortgefahren.[97]

Spätestens drei Monate nach dem Ende der Wahlperiode muss das Sekretariat des Komitees einen vollständigen Bericht angefertigt haben und dieser durch das Büro des Vorstandsvorsitzenden an die nationalen Normungsorganisationen verteilt werden.[98]

Falls der Vorsitzende entschieden hat mit der Zustimmungs- oder Veröffentlichungsphase fortzufahren, muss das Sekretariat des Komitees innerhalb von vier Monaten nach Ende der Wahlperiode einen finalen Text anfertigen und ihn an das Büro des Vorstandsvorsitzenden senden. Von dort aus wird der endgültige Normenentwurf verteilt.[99]

Die Prüfungsphase endet mit der Registrierung des Textes für die Verteilung als endgültiger Normenentwurf oder als Publikation als internationale Norm durch das Büro des Vorstandsvorsitzenden.[100]

3.3.6 Zustimmungsphase

In der Zustimmungsphase muss das Büro des Vorstandsvorsitzenden innerhalb von drei Monaten den endgültigen Normenentwurf (engl. „final draft International Standard") an alle nationalen Normungsorganisationen für eine zweimonatige Wahlperiode versenden. Wie in der vorhergehenden Prüfungsphase muss die Wahl der nationalen Normungsgremien eindeutig sein, d. h. zustimmend, ablehnend oder enthaltend. Die zustimmenden Wahlstimmen dürfen keine Kommentare enthalten. Falls ein nationales Normungsgremium einen endgültigen Normenentwurf für nicht akzeptabel befindet, soll

---

[97] ISO/IEC, 2014: ISO/IEC Direktiven, Teil 1. Genf, S. 30
[98] ebenda, S. 30
[99] ebenda, S. 31
[100] ebenda, S. 31

es ablehnend wählen und die technischen Gründe hierfür nennen. Auch in dieser Phase ist eine Zustimmung unter Bedingungen (z. B. Änderung technischer Spezifikationen) ist nicht möglich.[101]

Ein endgültiger Normenentwurf gilt als angenommen, falls
- Zweidrittel der P-Mitglieder des Komitees stimmen zu
- nicht mehr als ein Viertel der gesamten Wahlstimmen ablehnend wählen.[102]

Enthaltungen werden dabei ebenso wenig gezählt wie ablehnende Wahlstimmen, welche ohne technische Begründung abgegeben wurden. Kommentare, die nach der Wahlperiode empfangen wurden, werden an das Sekretariat des Komitees weitergeleitet, um bei der nächsten Überprüfung der internationalen Norm berücksichtigt werden zu können.[103]

Das Sekretariat des Komitees trägt die Verantwortung dafür jeglichen Fehler der im Laufe der Erarbeitung des Entwurfs eingeflossen ist, dem Büro des Vorstandsvorsitzenden vor Ablauf der Wahlperiode anzuzeigen. Spätere technische oder redaktionelle Änderungen in dieser Phase können nicht mehr vorgenommen werden.[104]

Innerhalb von zwei Wochen nach dem Ende der Wahlperiode muss das Büro des Vorstandsvorsitzenden einen Bericht an alle nationalen Normungsgremien senden. In diesem Bericht muss das Ergebnis der Wahl sowie die formale Zustimmung zur Veröffentlichung der internationalen Norm oder die Ablehnung des endgültigen Normenentwurfs enthalten sein. Im Falle einer Zustimmung wird mit der Veröffentlichungsphase fortgefahren. Falls der endgültige Normenentwurf nicht gemäß der genannten Bedingungen angenommen wurde, muss er an das zuständige Komitee zurückgesendet werden. Das Komitee muss den endgültigen Normenentwurf unter Berücksichtigung der technischen Gründe, welche in den ablehnenden Wahlstimmen enthalten sind, nochmals prüfen. Das Komitee kann diesbezüglich folgende Entscheidungen treffen:
- Erneutes Vorlegen eines geänderten Entwurfs als Komitee-Entwurf, Entwurf einer ISO-Norm oder, bei ISO und JTC 1, endgültiger Normenentwurf
- Veröffentlichung einer technischen Spezifikation
- Abbrechen des Projekts[105]

---

[101] ISO/IEC, 2014: ISO/IEC Direktiven, Teil 1. Genf, S. 31
[102] ebenda, S. 31
[103] ebenda, S. 31
[104] ebenda, S. 32
[105] ebenda, S. 32

Die Zustimmungsphase endet mit einer der folgenden Alternativen:

- Verteilung des Wahlberichts mit der Aussage, dass der endgültige Normenentwurf zur Veröffentlichung als internationale Norm freigeben wurde
- Veröffentlichung einer technischen Spezifikation
- Rücksendung des Entwurfs an das Komitee[106]

3.3.7 Veröffentlichungsphase

Das Büro des Vorstandsvorsitzenden muss innerhalb eines Monats jeglichen Fehler korrigieren, der ihm durch das Sekretariat des Komitees angezeigt wurde und die internationale Norm verteilen.[107]

Die Veröffentlichungsphase endet mit der Publikation der internationalen Norm.[108]

3.4 Änderungen an ISO-Dokumenten

Jede internationale Norm und jedes andere Ergebnis, das von der ISO veröffentlicht wird, muss einer systematischen Überprüfung unterzogen werden.[109] Die nachfolgende Tabelle ist der ISO/IEC Direktive, Teil 1 entnommen und zeigt eine Übersicht der Pflegevorgaben der ISO für die unterschiedlichen Ergebnistypen.[110]

Ergebnistyp	Max. Zeitraum für systematische Überprüfungen	Max. Anzahl von möglichen Bestätigungen	Max. Lebensdauer
Internationale Norm	5 Jahre	Nicht limitiert	Nicht limitiert
Technische Spezifikation	3 Jahre	Einmal (empfohlen)	6 Jahre (empfohlen)
Öffentlich verfügbare Spezifikation	3 Jahre	Einmal	6 Jahre
Technischer Bericht	Nicht spezifiziert	Nicht spezifiziert	Nicht limitiert

Tabelle 3: Pflegevorgaben der ISO je Ergebnistyp

Quelle: ISO/IEC, 2014: ISO/IEC Direktiven, Teil 1. Genf, S. 33 (eigene Übersetzung)

---

[106] ISO/IEC, 2014: ISO/IEC Direktiven, Teil 1. Genf, S. 32
[107] ebenda, S. 32
[108] ebenda, S. 32
[109] ebenda, S. 32
[110] ebenda, S. 32

Eine systematische Überprüfung wird typischerweise durch folgende Bedingungen initiiert:

- Ablauf des angegebenen maximalen Zeitraums für eine systematische Überprüfung seit der Veröffentlichung des Dokuments (z. B. internationale Norm: 5 Jahre)
- Aufforderung einer nationalen Normungsorganisation
- Aufforderung durch den Vorstandsvorsitzenden[111]

Ein Komitee kann zu jeder Zeit zwischen den systematischen Überprüfungen den Beschluss fassen, eine Revision oder eine Novellierung eines Standards zu initiieren.[112]

Die finale Entscheidung eine Norm abzuändern, zu bestätigen oder zu verwerfen obliegt den P-Mitgliedern des verantwortlichen Komitees.[113] Eine Überprüfungsperiode dauert fünf Monate.[114] Nachdem die Wahl abgeschlossen wurde, muss das Sekretariat die Ergebnisse an die Mitglieder des Komitees senden.[115] Spätestens nach sechs Monaten nach Ende der Wahlperiode muss das Komitee eine finale Entscheidung über das weitere Vorgehen getroffen haben.[116] Diese Entscheidung teilt das Sekretariat dem zentralen ISO Sekretariat mit.[117] Typischerweise muss die Entscheidung über die erforderliche Vorgehensweise nach einer systematischen Überprüfung durch einfache Mehrheit der P-Mitglieder für eine spezifische Vorgehensweise getroffen werden.[118] Zur Auswahl stehen die folgenden fünf Vorgehensweisen:[119]

1. Bestätigung (engl.: „confirmation")
2. Änderung oder Revision (engl.: „amendment or revision")
3. Widerruf (engl.: „withdrawal")
4. Umwandlung in eine internationale Norm (engl.: „conversion to an International Standard")
5. Wiedereinsetzung (engl.: „reinstatement of withdrawn standards")

Für eine Bestätigung muss überprüft worden sein, dass das betreffende Dokument genutzt wird, es weiterhin verfügbar gemacht werden soll und keine technischen Änderungen daran notwendig sind.[120] Voraussetzung für eine Bestätigung ist ferner, dass die Norm mit oder ohne Änderungen angenommen wurde, oder in mindestens fünf Ländern genutzt wird und zudem die einfache Mehrheit der P-Mitglieder des

---

[111] ISO/IEC, 2014: ISO/IEC Direktiven, Teil 1. Genf, S. 32
[112] ebenda, S. 32
[113] ebenda, S. 33
[114] ebenda, S. 33
[115] ebenda, S. 33
[116] ebenda, S. 33
[117] ebenda, S. 33
[118] ebenda, S. 34
[119] ebenda, S. 34
[120] ebenda, S. 34

betroffenen Komitees für eine Bestätigung gewählt hat.[121] Wird die Norm nicht in mindestens fünf Ländern genutzt, sollte die Norm widerrufen werden.[122]

Die zweite Option, die Änderung oder Revision, hat die gleichen Bedingungen, außer, dass an dem Dokument technische Änderungen notwendig sind.[123] Anschließend muss ein Beteiligungsaufruf gestartet werden.[124] Eine Mindestanzahl an aktiven P-Mitgliedern ist hierfür nicht erforderlich.[125] Soll eine internationale Norm geändert oder überarbeitet werden, wird ein neues Projekt initiiert, welches dem Programm eines Komitees hinzugefügt werden muss.[126] Die durchzuführenden Schritte sind identisch mit denen zur Vorbereitung einer internationalen Norm (Abschnitt 3.3 „Die Entstehung einer neuen ISO/IEC-Norm", S. 7 dieser Masterarbeit).

Widerrufen werden sollte die Norm, falls sie mit oder ohne Änderungen nicht angenommen wurde oder nicht in mindestens fünf Ländern genutzt wird.[127]
Für technische Spezifikationen oder öffentlich verfügbare Normen gibt es darüber hinaus noch die vierte Option: Die Umwandlung in eine internationale Norm.[128] Dazu ist es notwendig, dass der angepasste Text als „draft International Standard" dem normalen Erstellungsprozess für internationale Normen zugeführt wird.[129]

Die Wiedereinsetzung einer widerrufenden internationalen Norm kann von einem Komitee vorgeschlagen werden.[130] Hierfür gelten die üblichen Kriterien.[131]

3.5 Zertifizierung

Zertifizierung ist ein Verfahren zum (unabhängigen) Nachweis der Konformität eines Untersuchungsgegenstands mit einer Norm.[132] Grundsätzlich sind Personen-, System- und Produkt-/Dienstleistungszertifizierung möglich. Hierfür müssen sich die sogenannten Konformitätsbewertungsstellen, welche Zertifizierungsaudits durchführen wollen, seit 01.01.2010 vorab bei der DAkkS akkreditieren.[133] Zertifikate von nicht akkreditierten Stellen für Bereiche, für welche die DAkkS zuständig ist (z. B. Sicherheit

---

[121] ISO/IEC, 2014: ISO/IEC Direktiven, Teil 1. Genf, S. 34
[122] ebenda, S. 34
[123] ebenda, S. 34
[124] ebenda, S. 34
[125] ebenda, S. 34
[126] ebenda, S. 34
[127] ebenda, S. 35
[128] ebenda, S. 35
[129] ebenda, S. 35
[130] ebenda, S. 35
[131] ebenda, S. 35
[132] Brewer, D., 2013: An Introduction to ISO/IEC 27001:2013. London, S. 16
[133] Europäisches Parlament und der Rat: Verordnung (EG) Nr. 765/2008: 2008. http://eur-lex.europa.eu/ LexUriServ/LexUriServ.do?uri=OJ:L:2008:218:0030:0047:de:PDF. Straßburg, S. L 218/36. Zugegriffen am: 21.08.2014

/ IT), sind ungültig (VO EG 765/2008[134]). Die Akkreditierungsstellen haben mit anderen internationalen und regionalen derartigen Stellen Abkommen und arbeiten mit diesen zusammen.[135]

Für Konformitätsbewertungsstellen gelten die Anforderungen der ISO/IEC 17021[136], der ISO/IEC 27006[137, 138] und der ISO/IEC 17000[139, 140]. Für die von diesen Stellen durchgeführten Audits bzw. Zertifizierungen müssen die Vorgaben der ISO 19011[141] und ISO/IEC 27007[142] eingehalten werden.[143]

Zertifikate sind beispielsweise für folgende Managementsysteme möglich[144]:
- Informationssicherheits-Managementsystem: ISO/IEC 27001
- Qualitätsmanagementsystem DIN EN[145] ISO 9001[146]
- IT Service Management ISO/IEC 20000-1[147]

Das Zertifizierungsaudit für ein ISO/IEC 27001-Zertifikat läuft in zwei Phasen ab. Zunächst wird ein initiales Audit durchgeführt. In dieser Phase verschafft sich der Auditor bzw. das Auditteam einen Überblick über das von der betrachteten Organisation eingeführte ISMS. Dabei werden der Kontext der Organisation, insbesondere die ISMS Policy (dt. „ISMS Politik"), die ISMS-Ziele und die Zertifizierbarkeit der Organisation anhand einer Dokumentenprüfung untersucht. Letztere basiert auf den in der ISO/IEC 27001-Norm geforderten Dokumenten.[148]

---

[134] Europäisches Parlament und der Rat: Verordnung (EG) Nr. 765/2008: 2008. http://eur-lex.europa.eu/LexUriServ/LexUriServ.do?uri=OJ:L:2008:218:0030:0047:de:PDF. Straßburg, S. L 218/36. Zugegriffen am: 21.08.2014

[135] Humphreys, E., 2002: Guidelines on Requirements and Preparation for ISMS Certification based on ISO/IEC 27001. London, S. 49

[136] ISO/IEC 17021: Conformity assessment -- Requirements for bodies providing audit and certification of management systems (dt. „Konformitätsbewertung – Anforderungen an Stellen, die Managementsysteme auditieren und zertifizieren")

[137] ISO/IEC 27006: Requirements for bodies providing audit and certification of information security management systems (dt. „Informationstechnik - IT-Sicherheitsverfahren – Anforderungen an Institutionen, die Audits und Zertifizierungen von Informationssicherheits-Managementsystemen anbieten.")

[138] Calder, A., Watkins, S., 2012: IT Governance An international guide to data security and ISO27001/ISO27002. London, S. 38

[139] ISO/IEC 17000: Conformity assessment - Vocabulary and general principles (dt. "Konformitätsbewertung - Begriffe und allgemeine Grundlagen")

[140] Humphreys, E., 2002: Guidelines on Requirements and Preparation for ISMS Certification based on ISO/IEC 27001. London, S. 49

[141] ISO/IEC 19011: Guidelines for auditing management systems (dt. "Leitfaden zur Auditierung von Managementsystemen")

[142] ISO/IEC 27007: Information technology - Security techniques - Guidelines for information security management systems auditing (dt. "Informationstechnik - IT-Sicherheitsverfahren - Richtlinien für Informationssicherheits-Managementsystemaudits")

[143] Humphreys, E., 2002: Guidelines on Requirements and Preparation for ISMS Certification based on ISO/IEC 27001. London, S. 49

[144] Humphreys, E., 2002: Guidelines on Requirements and Preparation for ISMS Certification based on ISO/IEC 27001. London, S. 47

[145] EN: Europäische Norm

[146] DIN EN ISO 9001: Quality management systems – Requirements (dt. "Qualitätsmanagementsysteme - Anforderungen")

[147] ISO/IEC 20000: Information technology - Service management - Part 1: Service management system requirements (dt. "IT Service Management – Teil 1: Service Managementsystem Anforderungen")

[148] Brewer, D., 2013: An Introduction to ISO/IEC 27001:2013, S. 16

In der zweiten Phase wird analysiert, ob sich die Organisation an die eigenen Vorgaben, Ziele und Prozesse hält. Darüber hinaus wird untersucht, ob das implementierte ISMS alle Anforderungen der ISO/IEC 27001 erfüllt und die Ziele der ISMS Politik der Organisation erreicht werden. Falls im Rahmen des Audits keine Abweichungen festgestellt werden, kann eine Zertifizierung erfolgen.[149]

Die Gültigkeit von ISO/IEC 27001-Zertifikaten beträgt maximal drei Jahre.[150] Für die Aufrechterhaltung des Zertifikats ist alle sechs Monate (in Ausnahmefällen jährlich) ein sogenanntes Überwachungsaudit durchzuführen, um zu prüfen, ob das ISMS konform zu den Anforderungen gehalten wird. Eine Re-Zertifizierung ist alle drei Jahre erforderlich. Dabei handelt es sich um ein Phase 2-Audit. Ein solches Audit ist auch notwendig, falls sich wesentliche Änderungen im Zertifizierungsgegenstand ergeben.[151]

---

[149] Brewer, D., 2013: An Introduction to ISO/IEC 27001:2013, S. 16
[150] Calder, A., Watkins, S., 2012: IT Governance, S. 36
[151] Brewer, D., 2013: An Introduction to ISO/IEC 27001:2013, S. 16

4 Managementsysteme

In diesem Abschnitt wird die Frage geklärt, was ein Managementsystem ist. Im Folgenden werden hierzu mehrere ähnliche Definitionen angeführt.

Die ISO/IEC hat ihre Definition eines Managementsystems in den ISO/IEC Direktiven, Teil 1 Annex SL (dt. „Anhang SL) im Appendix 2 (dt. „Erweiterung 2"), 3.04[152] dokumentiert bzw. in ISO/IEC 27000:2014[153]: *„Ein Managementsystem ist ein Set von in Wechselbeziehung stehenden oder sich gegenseitig beeinflussenden Elementen einer Organisation, welche die Politik, die Ziele und die Prozesse bilden, um diese Ziele zu erreichen."*[154] (eigene Übersetzung).
Dabei führt die ISO/IEC 27000:2014 in Abschnitt 3.2.5 weiter aus, dass ein Managementsystem ein Gefüge von Ressourcen nutzt, um die Ziele einer Organisation zu erreichen.[155] Es besteht dabei aus der Organisationsstruktur, Politiken, Planungsaktivitäten, Verantwortlichkeiten, Praktiken, Verfahren, Prozessen und Ressourcen.[156]

Das Deutsche Institut für Normung führt hierzu folgendes in der DIN ISO/IEC 27001-Norm an: *„Das Managementsystem enthält die Struktur, Grundsätze, Planungsaktivitäten, Verantwortung, Praktiken, Verfahren, Prozesse und Ressourcen der Organisation."*[157]

David Brewer verwendet folgende Definition für ein Managementsystem: *„Alles was mit der Organisation in Zusammenhang steht und dazu dient die Politik, die Ziele und die Prozesse aufzubauen, um diese Ziele zu erreichen."*[158] (eigene Übersetzung).

Nach Pardy et. al werden Managementsysteme zur effektiven Kontrolle sowie zur Erfüllung der Anforderungen von Kunden und Teilhabern von immer mehr Organisationen implementiert.[159]

---

[152] ISO/IEC, 2014: ISO/IEC Direktiven, Teil 1. Genf, S. 127
[153] ISO/IEC, 2014: ISO/IEC 27000:2014. Genf, S. 14
[154] Brewer, D., 2014: Understanding the New ISO Management System Requirements. London, S. 7
[155] ISO/IEC, 2014: ISO/IEC 27000:2014. Genf, S. 14
[156] ebenda, S. 14
[157] DIN, 2008: DIN ISO/IEC 27001. Berlin, S. 9
[158] Brewer, D., 2014: Understanding the New ISO Management System Requirements. London, S. 10
[159] Pardy, W., Andrews, T., 2010: Integrated Management Systems: Leading Strategies and Solutions. Lanham, S. 1-2

Nach David Brewer geht der Ursprung von Managementsystem-Standards bzw. -Normen auf die ISO 9001 von 1987 bzw. den BS[160] 5750 von 1979 zurück.[161] Ihm zufolge spezifizieren Normen nicht was, sondern wie etwas gemanagt werden muss, um die Anforderungen zu erfüllen.[162] Aus diesem Grund wurden sie unter dem Begriff Managementsystem-Normen bzw. -Standards bekannt.[163] Diese ersten Normen waren prozessorientiert (z. B. Prozess zur Vertragsprüfung) und ließen Vorsorgemaßnahmen oder Konzepte zur kontinuierlichen Verbesserung vermissen.[164] Der Schwerpunkt lag zur damaligen Zeit auf der Einhaltung von Verfahren und weniger auf dem Managementprozess.[165] In der Folge führte dies zu einer Entkopplung der Qualitäts- von den Managementprozessen, woraus Berge von schriftlichen Dokumenten und Dokumentationen resultierten.[166]

Managementsysteme verhalten sich zyklisch.[167] Das bedeutet, dass eine Reihe von Aktivitäten und Verfahren wiederholt in gleicher oder ähnlicher Weise ablaufen. Durch diesen Gesamtprozess der wiederholt wird, kann sich das Managementsystem selbst heilen sowie die Passgenauigkeit, die Angemessenheit und die Effektivität verbessern.[168] Dieser kontinuierliche Verbesserungsprozess kann von folgenden Eingaben initiiert werden:

- Leistungskontrollen
- Internen Audits, ggf. Zertifizierungsaudits
- Managementüberprüfungen
- Betriebliche Veränderungen
- Vorfällen
- Effektivitätsprüfungen von Korrekturmaßnahmen[169]

Aufgrund dieses kontinuierlichen Verbesserungsprozesses werden Aktivitäten ausgelöst, deren Ergebnisse wiederum durch eine Wiederholungsschleife in den kontinuierlichen Verbesserungsprozess münden.[170]
Die nachfolgende Abbildung von Brewer[171] zeigt diesen sogenannten Kontinuierlichen Verbesserungsprozess (kurz: KVP).

---

[160] BS: British Standard
[161] Brewer, D., 2014: Understanding the New ISO Management System Requirements. London, S. 18
[162] ebenda, S. 18
[163] ebenda, S. 18
[164] ebenda, S. 18
[165] ebenda, S. 18
[166] ebenda, S. 18
[167] ebenda, S. 11
[168] ebenda, S. 11
[169] ebenda, S. 11
[170] ebenda, S. 11
[171] ebenda, S. 12

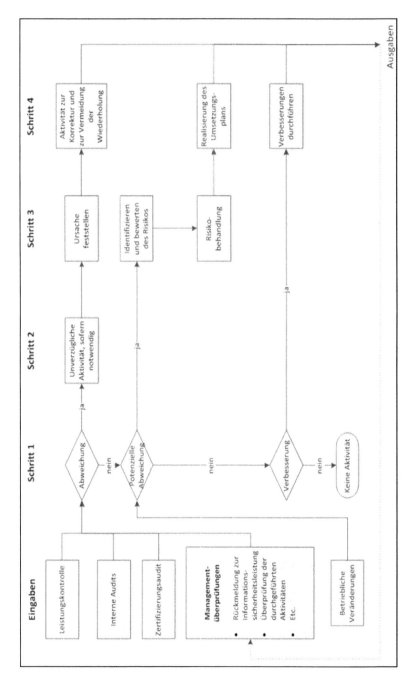

Abbildung 1: Der Kontinuierliche Verbesserungsprozess (KVP)

Quelle: Brewer, D., 2014: Understanding the New ISO Management System Requirements. London, S. 12 (eigene Übersetzung)

4.1 Integriertes Managementsystem

Ein Integriertes Managementsystems (kurz: IMS) ist ein Managementsystem, das mehrere Managementsystem-Normen beinhaltet.[172] Die ISO/IEC 27001-Norm fördert die Integration von Qualitäts- und anderen Normen.[173] Calder et. al fordert, dass das ISMS soweit wie möglich in das Qualitätsmanagementsystem integriert wird.[174] Insbesondere die Anforderungen hinsichtlich der Dokumentation sowie der Kontrolle von Dokumenten und Aufzeichnungen in der ISO/IEC 27001-Norm können und sollten durch die Anwendung von ISO 9001-Anforderungen erfüllt werden.[175] Eine Folge daraus ist, dass alle Verfahren eines ISMS nummeriert und ISMS-Dokumente kontrolliert werden müssen.[176] Wurde innerhalb einer Organisation bereits ein Managementsystem eingeführt, bedeutet die Implementierung eines ISMS gemäß ISO/IEC 27001 folglich eine Erweiterung des bestehenden Managementsystems.[177]

Das britische BSI (British Standards Institution) hat bereits 2006 für Integrierte Managementsysteme die öffentlich verfügbare Spezifikation PAS 99 veröffentlicht und diese im Jahr 2012 aktualisiert.[178] Die Spezifikation gibt Ratschläge, wie zwei oder mehr Managementsysteme zu einem kombiniert werden können.[179] Die ISO hingegen hat einen gemeinsamen Aufbau für Managementsystem-Normen in den ISO/IEC Direktiven definiert, den sogenannten Annex SL.[180] Darin werden neben der Struktur von ISO-Normen insbesondere auch die identischen Kerntexte (engl. „identical core text) verbindlich festgelegt. Dies soll Anwendern von ISO-Normen die Implementierung von mehreren Managementsystem-Normen in ein Managementsystem erleichtern.[181]

Der Zweck eines Integrierten Managementsystems ist nach Pardy et. al dabei zu unterstützen, alle Funktionen der integrierten Managementsysteme anzuzeigen.[182] Dies ist notwendig um aufzuzeigen, wie sich diese Funktionen gegenseitig beeinflussen und ergänzen sowie um darzustellen, wie deren Beziehungen untereinander beim Managen der Risiken einer Organisation behilflich sind.[183] Wesentliche Ziele eines IMS sind die Erzielung von Synergieeffekten, die Vermeidung

---

[172] Brewer, D., 2014: Understanding the New ISO Management System Requirements. London, S. 20
[173] Calder, A., Watkins, S., 2012: IT Governance, S. 43
[174] ebenda, S. 43
[175] ebenda, S. 43
[176] ebenda, S. 43
[177] ebenda, S. 43
[178] Brewer, D., 2014: Understanding the New ISO Management System Requirements. London, S. 20
[179] ebenda, S. 20
[180] ISO/IEC, 2014: ISO/IEC Direktiven, Teil 1. Genf, S. 115
[181] ebenda, S. 117
[182] Pardy, W., Andrews, T., 2010: Integrated Management Systems: Leading Strategies and Solutions. Lanham, S. xi
[183] ebenda, S. xi

von Redundanzen und die Optimierung von den Managementsystemen gemeinsamen Herangehensweisen, Ideen und Werkzeugen.[184] Dadurch kann die Effektivität gesteigert und die operativen Kosten können reduziert werden.[185]

4.2 Informationssicherheits-Managementsystem (ISMS)

Nach Münch sind Daten das Rohmaterial, aus dem unter Umständen Informationen werden.[186] Folgende Eigenschaften müssen Daten hierzu besitzen, um für bestimmte Zwecke und Aktionsträger zu Informationen zu werden:

- Formal fehlerfrei sein
- Eine klar erkennbare Bedeutung haben (semantischer Aspekt)
- Wahr sein
- Zeitgerecht zur Verfügung stehen[187]

Informationen, egal in welcher Form (z. B. digital, physisch), sind Vermögenswerte einer Organisation, die für ihren Geschäftsbetrieb essenziell sind und deshalb jederzeit angemessen geschützt werden müssen.[188] Ein ISMS hat genau diese Aufgabe.[189] Es soll die drei Grundwerte von Informationen Vertraulichkeit, Integrität und Verfügbarkeit durch die Anwendung eines Risikomanagementprozesses angemessen schützen.[190] Diese Ansicht unterstützt auch Humphrey.[191] Ein ISMS ist folglich deshalb wichtig, weil es die für den Geschäftsbetrieb essenziellen Informationen angemessen schützt.

Die ISO/IEC 27000:2014 definiert ein ISMS wie folgt: *„Ein ISMS besteht aus Politiken, Verfahren, Richtlinien und den damit in Verbindung stehenden Ressourcen und Aktivitäten, die ganzheitlich von einer Organisation mit dem Ziel gemanagt werden, ihre Informationen zu schützen. Ein ISMS ist ein systematischer Ansatz für Aufbau, Einführung, Betrieb, Überwachung, Überprüfung, Pflege und Verbesserung der Informationssicherheit einer Organisation, um ihre Ziele zu erreichen.“[192]* (eigene Übersetzung). Grundlage eines ISMS bildet eine systematische Herangehensweise die den Aufbau, die Implementierung, den Betrieb, das Überwachen, das Überprüfen, die Pflege und die Verbesserung der Informationssicherheit einer Organisation gewährleistet, um deren Geschäftsziele zu erreichen.[193] Ein ISMS basiert auf der

---

[184] Pardy, W., Andrews, T., 2010: Integrated Management Systems: Leading Strategies and Solutions. Lanham, S. xi
[185] Bugdol, M., Jedynak, P., 2014: Integrated Management Systems. Cham, S. 159
[186] Münch, P., 2010: Technisch-organisatorischer Datenschutz. Heidelberg, S. 15
[187] ebenda, S. 15-16
[188] ISO/IEC, 2014: ISO/IEC 27000:2014. Genf, S. 13
[189] ebenda, S. 4
[190] ebenda, S. 4
[191] Humphreys, E., 2002: Guidelines on Requirements and Preparation for ISMS Certification based on ISO/IEC 27001. London, S. 7
[192] ISO/IEC, 2014: ISO/IEC 27000:2014. Genf, S. 13
[193] ebenda, S. 13

Analyse von Informationssicherheits-Anforderungen, einem Risikomanagement und der Anwendung angemessener Maßnahmen.[194] Folglich muss ein ISMS sicherstellen, dass zunächst die Informationssicherheitsanforderungen analysiert werden und diese als Eingabe für den Risikomanagementprozess zur Verfügung gestellt werden. Der Risikomanagementprozess analysiert und bewertet die Risiken und legt angemessene Maßnahmen zu deren Reduktion fest.

Die Norm ISO/IEC 27000:2014 nennt die neun folgenden Prinzipien, die zu einem erfolgreichen ISMS beitragen:
1. Bewusstsein, dass Informationssicherheit benötigt wird
2. Zuweisung der Verantwortung für das Thema Informationssicherheit
3. Integrieren der Managementverantwortung sowie der Interessen von Teilhabern
4. Berücksichtigung gesellschaftlicher Werte
5. Risikobewertung, um angemessene Maßnahmen festzulegen, die zu einem akzeptablen Restrisiko führen
6. Sicherheit als essenzieller Bestandteil von Datennetzen und Systemen
7. Aktive Prävention und Erkennung von Informationssicherheitsvorfällen
8. Gewährleisten einer ganzheitlichen Herangehensweise zum Informationssicherheits-Management
9. Kontinuierliche Bewertung der Informationssicherheit und durchführen von notwendigen Veränderungen[195]

Werden diese Anforderungen an ein ISMS eingehalten, schafft das ISMS bei allen Interessierten Vertrauen, dass die Informationssicherheitsrisiken einer Organisation angemessen gesteuert werden.[196]
Brewer nennt in diesem Zusammenhang zwei Kategorien von Vorteilen eines ISMS: Marktgarantien (engl. „market assurance") sowie Führung und Lenkung (engl. „governance").[197] Marktgarantien bedeutet die Fähigkeit eines ISMS für Vertrauen am Markt zu sorgen, dass die Organisation ihre Informationen angemessen schützt.[198] Führung und Lenkung meint, wie eine Organisation gemanagt wird.[199] Einer der wesentlichen Vorteile eines ISMS ist nach Brewer, dass Organisationen dazu ermutigt werden, Aktionen einzuleiten, um schlechte Ereignisse zu verhindern.[200] Des Weiteren führt er aus, dass ein ISMS dazu animiert, den Ist-Zustand festzustellen, die Effektivität des ISMS zu prüfen und entsprechende Veränderungen zu realisieren.[201]

---

[194] ISO/IEC, 2014: ISO/IEC 27000:2014. Genf, S. 13
[195] ebenda, S. 13
[196] Humphreys, E., 2002: Guidelines on Requirements and Preparation for ISMS Certification based on ISO/IEC 27001. London, S. 7
[197] Brewer, D., 2013: An Introduction to ISO/IEC 27001:2013, S. 4
[198] ebenda, S. 4
[199] ebenda, S. 5
[200] ebenda, S. 7
[201] Brewer, D., 2013: An Introduction to ISO/IEC 27001:2013, S. 8

4.3 Überblick über die ISO/IEC 27000-Reihe

Gemäß der Definition in ISO/IEC 27000 sind Informationen Vermögenswerte, die einen Wert haben.[202] Aus diesem Grund benötigen sie angemessenen Schutz, beispielsweise gegen den Verlust von Vertraulichkeit, Integrität und Verfügbarkeit.[203] Alle von einer Organisation gespeicherten und verarbeiteten Informationen sind Gefahren (z. B. Angriffen, Fehlern, Naturereignissen) und Schwachstellen während ihrer Nutzung ausgesetzt.[204] Diese zu vermeiden ermöglicht einen hohen Grad an Effizienz im Geschäftsbetrieb zu erreichen.[205]

Die ISO/IEC 27000-Reihe besteht aus einer Vielzahl von Normen zum Thema Informationssicherheits-Management.[206] Sie bilden ein global anerkanntes Rahmenwerk für die Implementierung und den Betrieb eines angemessenen Informationssicherheits-Managements.[207] Die meisten von ihnen tragen das Prefix ISO/IEC und ein Suffix, welches ihr Publikationsdatum angibt: z. B. ISO/IEC 27001:2013. In der Praxis sind aufgrund der relativ langen Bezeichnungen, häufig die nicht präzisen, weil verkürzten Angaben, wie z. B. ISO 27001 für obiges Beispiel, anzutreffen.[208]

Nachfolgend werden die Normen der ISO/IEC-27000-Reihe in ihrer jeweils aktuellsten Version (Stand: 2014-08-21) genannt:

- ISO/IEC 27000:2014 – Informationssicherheits-Managementsysteme - Überblick und Terminologie
- ISO/IEC 27001:2013 – Informationssicherheits-Managementsysteme - Anforderungen
- ISO/IEC 27002:2008 – Leitfaden für Informationssicherheitsmaßnahmen
- ISO/IEC 27003:2010 – Informationssicherheits-Managementsystem-Einführungsleitlinie
- ISO/IEC 27004:2009 – Informationssicherheits-Management-Messgrößen
- ISO/IEC 27005:2011 – Informationssicherheits-Risikomanagement
- ISO/IEC 27006 – Anforderungen an Institutionen, die Audits und Zertifizierungen von Informationssicherheits-Managementsystemen anbieten
- ISO/IEC 27007:2011 – Richtlinien für Informationssicherheits-Managementsystemaudits

---

[202] ISO/IEC, 2014: ISO/IEC 27000:2014. Genf, S. 12
[203] ebenda, S. 12
[204] ebenda, S. 12
[205] ebenda, S. 12
[206] ebenda, S. 20
[207] Calder, A., Watkins, S., 2012: IT Governance. London, S. 37
[208] ebenda, S. 37

- ISO/IEC TR209 27008:2011 – Richtlinien für Auditoren von Informationssicherheits-controls
- ISO/IEC 27010:2012 – Informationssicherheits-Management für inter-sektorielle und inter-organisationelle Kommunikation
- ISO/IEC 27013:2012 – Leitfaden für die integrierte Implementierung von ISO/IEC 27001 und ISO/IEC 20000-1
- ISO/IEC 27014:2013 – Governance von Informationssicherheit
- ISO/IEC TR 27016:2012 – Informationssicherheits-Management - organisationelle Wirtschaftlichkeit
- ISO/IEC 27018:2014 – Anwendungsregel für den Schutz von Personenbezogenen Daten (PII) in Public Clouds, die als PII Processor auftreten
- ISO/IEC 27031:2011 – Richtlinie für die Vorbereitung von Informations- und Kommunikationstechnologie für Betriebskontinuität

Normen, welche nach dem Präfix ISO/IEC mit einem TR für „Technical Report" (dt. „Technische Richtlinie") versehen sind, sind keine Normen im eigentlichen Sinne. Bei der Erstellung dieses Dokumententyps wurde eine andere Vorgehensweise als bei den internationalen ISO-Normen angewandt.[210] Die Entscheidung über die Veröffentlichung eines TR wird durch einfache Mehrheit der P-Mitglieder eines Technischen Komitees bzw. Unterkomitees getroffen.[211] Technical Reports besitzen rein informativen Charakter.[212]

Neben diesen allgemeinen ISO/IEC-Normen existieren noch sektorenspezifische. Die folgende Auflistung zeigt eine Auswahl derartiger Normen im Bereich des Informationssicherheits-Managements:
- ISO/IEC 27011:2012 – Informationssicherheits-Management-Leitlinien für Telekommunikationsunternehmen auf Basis von ISO/IEC 27002
- ISO/IEC TR 27015:2012 – Informationssicherheits-Management-Leitlinie für Financial services
- ISO/IEC TR 27019:2013 – Leitfaden für das Informationssicherheits-Management von Steuerungssystemen der Energieversorgung auf Grundlage der ISO/IEC 27002
- ISO/IEC 27799:2008 – Informationsmanagement im Gesundheitswesen bei Verwendung der ISO/IEC 27002

---

[209] Technical Report (kurz: TR, dt. „Technische Richtlinie")
[210] ISO/IEC, 2014: ISO/IEC Direktiven, Teil 1. Genf, S. 39
[211] ebenda, S. 39
[212] ebenda, S. 39

Die folgenden ISO/IEC-Normen sind für Stellen relevant, welche eine Akkreditierung (z. B. für Deutschland bei der DAkkS) zur Zertifizierung in diesem Bereich anstreben:

- ISO/IEC 17021 – Konformitätsbewertung - Anforderungen an Stellen, die Managementsysteme auditieren und zertifizieren
- ISO/IEC 27006 – Anforderungen an Institutionen, die Audits und Zertifizierungen von Informationssicherheits-Managementsystemen anbieten[213]

Die beiden Normen ISO/IEC 27001 und ISO/IEC 27002 werden gewöhnlich gleichzeitig überarbeitet und wiederveröffentlicht. Beziehen sich ISO/IEC-Normen der 27000er-Reihe auf eine dieser beiden Normen, so legen sie die zu dieser Zeit gültige Version der ISO/IEC 27001 bzw. ISO/IEC 27002 zu Grunde.[214]

Die Implementierung eines ISMS auf Grundlage der in diesem Abschnitt genannten Vorgaben führt zu einer Reduktion der Informationssicherheitsrisiken, d. h. der Eintrittswahrscheinlichkeit und/oder des Schadens, der durch Informationssicherheitsvorfälle verursacht wird.[215] Darüber hinaus werden die folgenden Vorteile erzielt:

- Strukturiertes Rahmenwerk, welches ein ISMS realisiert, das den Bedürfnissen der Organisation entspricht
- Unterstützung des Managements
- Förderung von global-anerkannten Informationssicherheitspraktiken
- Einheitliche Sprache und einheitliches Konzept
- Erhöhung der Vertrauenswürdigkeit
- Berücksichtigung von gesellschaftlichen Erwartungen und Bedürfnissen
- Wirtschaftlich effektives Management von Informationssicherheit[216]

4.4 Die ISO/IEC 27001

Die Norm ISO/IEC 27001 definiert Anforderungen für den Aufbau, die Implementierung, den Betrieb und die kontinuierliche Verbesserung eines ISMS, um ein effektives Informationssicherheitsniveau zu erreichen.[217] Während die ISO/IEC 27001 die Spezifikationen für ein ISMS festlegt, beinhaltet die ISO/IEC 27002 Best Practice-Empfehlungen (dt. „bestmögliche und erprobte Methode bzw.

---

[213] Brewer, D., 2013: An Introduction to ISO/IEC 27001:2013. London, S. 16
[214] ebenda, S. 16
[215] ISO/IEC, 2014: ISO/IEC 27000:2014. Genf, S. 19
[216] ebenda, S. 19
[217] Humphreys, E., 2002: Guidelines on Requirements and Preparation for ISMS Certification based on ISO/IEC 27001. London, S. 7

Vorgehensweise") von erfahrenen Anwendern von Informationssicherheit aus vielen unterschiedlichen und bedeutsamen Organisationen in über 40 Ländern.[218]

Auf der Grundlage der ISO/IEC 27001 wird im Rahmen eines ISMS-Zertifizierungsaudits geprüft, ob die Anforderungen der Norm erfüllt werden.[219] Organisationen, die ein solches Zertifizierungsaudit erfolgreich bestanden haben, können eine Reihe von Vorteilen daraus ziehen. So zeigt ein Zertifikat bestehenden und potenziellen Kunden, Lieferanten, Partnern und Behörden, dass die Organisation wirksame Sicherheitsprozesse implementiert hat und hilft damit ein Vertrauensverhältnis aufzubauen.[220] Darüber hinaus unterstützt die Einführung eines ISMS gemäß ISO/IEC 27001 eine Organisation dabei, ihren Informationssicherheitsprozess kontinuierlich zu verbessern.[221] Durch die regelmäßigen Audits wird außerdem gewährleistet, dass die Organisation ihr Informationssicherheits-Management aufrechterhält und sichert damit ihre Geschäftstätigkeit.[222] Abhängig vom Standort und von der Branche kann mit dem Zertifikatserhalt auch die Einhaltung von Vorgaben (z. B. Gesetzen: Sarbanes-Oxley) nachgewiesen werden.[223]

Anforderungen die Organisationen zwingend erfüllen müssen, welche die Normkonformität für sich beanspruchen, werden in der englischen Variante mit dem Wort „shall" (dt. „muss") beschrieben.[224] Von ihnen darf nicht abgewichen werden.[225] Diese zwingenden Anforderungen finden sich in den Kapiteln 4 bis 10 der Normen.[226] Das Wort „should" (dt. „soll") wird für empfohlene Aktivitäten verwendet.[227]

Des Weiteren muss beim Lesen der ISO/IEC 27001 bei alternativen Anforderungen beachtet werden, ob die Liste der Anforderungen mit dem Wort „or" (dt. „oder") oder „and" (dt. „und") endet. Endet die Liste mit „oder" muss mindestens einer, endet sie mit „und" muss allen Anforderungen entsprochen werden.[228] Außerdem ist zu beachten, dass „notes" (dt. „Notizen") in der Norm die Anforderungen nicht verändern oder eine

[218] Calder, A., Watkins, S., 2012: IT Governance. London, S. 35
[219] Humphreys, E., 2002: Guidelines on Requirements and Preparation for ISMS Certification based on ISO/IEC 27001. London, S. 50
[220] Calder, A., Watkins, S., 2012: IT Governance. London, S. 35-36
[221] ebenda, S. 35
[222] ebenda, S. 35
[223] ebenda, S. 35
[224] Humphreys, E., 2002: Guidelines on Requirements and Preparation for ISMS Certification based on ISO/IEC 27001. London, S. 11
[225] ISO/IEC, 2014: ISO/IEC 27000:2014. Genf, S. 25
[226] Humphreys, E., 2002: Guidelines on Requirements and Preparation for ISMS Certification based on ISO/IEC 27001. London, S. 11
[227] ebenda, S. 11
[228] Brewer, D., 2013: An Introduction to ISO/IEC 27001:2013. London, S. 9

bestimmte Lösung vorschreiben.[229] Sie dienen ausschließlich für ein besseres Verständnis für den Leser und damit als Erläuterung.[230]

Der Anhang A der ISO/IEC 27001 ist verpflichtend, da eine ISO-Regel existiert, die besagt: Referenziert eine obligatorische Anforderung auf einen Anhang (für die ISO/IEC 27001:2013: Anhang A), so ist dieser Anhang ebenfalls obligatorisch.[231]

Nach Calder ist die ISO/IEC 27001 für Organisationen ab einer Größe von fünf Beschäftigten[232] eine passende Norm, außer die Organisation verwendet keine Informationen oder keinerlei Informationstechnik für den Geschäftsbetrieb.[233] Andernfalls ist die Norm nach Calder vermutlich nur sinnvoll, wenn spezielle kommerzielle Gründe dies nahelegen: z. B. der Geschäftsbetrieb in einer hochriskanten Umgebung, Kundenanforderung oder andere Gründe (z. B. Liquiditätsbeschaffung).[234]

4.5 Entwicklungsschritte der ISO/IEC 27001

In diesem Abschnitt soll näher auf die geschichtliche Entwicklung der Norm ISO/IEC 27001 eingegangen werden.
Der Vorgänger der ISO/IEC 27001 war der BS 7799.[235] Die erste Version dieser Norm wurde von einer britischen Gemeinschaftsinitiative bestehend aus dem Ministerium für Handel und Industrie (engl. „Department of Trade and Industry") und führenden britischen Unternehmen ab dem Jahre 1992 erarbeitet und 1995 veröffentlicht.[236] Dabei handelte es sich um einen Anwendungsleitfaden (engl. „code of practice") für IT-Sicherheitsmanagement, für den keine qualifizierte, d. h. von unabhängigen Dritten durchgeführte, Zertifizierung möglich war.[237] Am BS 7799 wurde im Jahre 1998 eine bedeutende Überarbeitung vorgenommen (z. B. Entfernen von Referenzierungen zu britischen Gesetzen, Berücksichtigung von OECD[238]-Empfehlungen[239]), wodurch die Norm anschließend in zwei Teilen veröffentlicht wurde.[240] Der erste Teil (auch BS 7799-1 oder BS 7799-1:1999) bestand aus dem überarbeiteten ursprünglichen

---

[229] Brewer, D., 2013: An Introduction to ISO/IEC 27001:2013. London, S. 10
[230] ebenda, S. 10
[231] ebenda, S. 102
[232] ebenda, S. 91
[233] ebenda, S. 89
[234] ebenda, S. 91
[235] ebenda, S.
[236] ebenda, S. 36
[237] ebenda, S. 36
[238] OECD: Organisation for Economic Co-operation and Development (dt. „Organisation für wirtschaftliche Zusammenarbeit und Entwicklung")
[239] Calder, A., 2013: The Case for ISO27001:2013. Ely, S. 102
[240] Calder, A., Watkins, S., 2012: IT Governance. London, S. 37

BS 7799 als Best Practice-Empfehlung weiter, wohingegen der zweite Teil (auch BS 7799-2 oder BS 7799-2:1999) neu hinzugefügt wurde.[241]

Der BS 7799-1 wurde im Jahre 2000 als Entwurf einer internationalen Norm vorgeschlagen und, mit wenigen Änderungen, als internationale Norm ISO/IEC 17799:2000 veröffentlicht.[242] Nach einer Überarbeitung im Jahre 2002 wurde die daraus resultierende Version im Jahr 2005 von der ISO/IEC 27002:2005 unter Anwendung des sogenannten Fast-Track-Verfahrens[243] (Tabelle 2 „Vereinfachte Darstellung der Projektschritte zur Erstellung einer ISO-Norm", S. 11 dieser Masterarbeit) abgelöst.[244] Im Jahr 2013 schließlich wurde die letzte und damit aktuellste Version, die ISO/IEC 27002:2013, veröffentlicht.[245] Der BS 7799-2 beinhaltete die Spezifikation eines ISMS, welche die Grundlage für nun mögliche Zertifizierungen darstellte.[246] Dieser Teil wurde im Jahr 2002 einer Überarbeitung, aus der wichtige Änderungen resultierten, unterzogen.[247] Dabei wurde von den Entwicklern der BS 7799-2 (das Kernteam bestand aus ca. fünf Personen[248]) das PDCA-Prozessmodell[249] (Plan-Do-Check-Act-Prozessmodell, dt. „Planen, Durchführen, Überprüfen, Handeln") integriert, um die Gesamtheit der ISMS-Anforderungen in ihrer Norm zu strukturieren.[250] Das PDCA-Prozessmodell bzw. das Konzept zur kontinuierlichen Verbesserung wurden erstmalig im Jahr 2000 in die ISO 9001 integriert.[251]

Im Jahr 2005 wurde der BS 7799-2 zur internationalen Norm ISO/IEC 27001:2005[252], anschließend überarbeitet und im Jahr 2013 unter der Bezeichnung ISO/IEC 27001:2013 veröffentlicht. Nach David Brewer ist die Norm ISO/IEC 27001:2005 unter Berücksichtigung der Prinzipien der ISO 9001:2000 erarbeitet worden.[253]

Die Entwicklung der beiden Normen, ISO/IEC 27001 und ISO/IEC 27002, wird vom Subcommittee SC 27 (IT Security techniques, dt. „IT Sicherheitstechnik") des gemeinschaftlich von der ISO und IEC gebildeten Joint Technical Committee JTC 1 vorgenommen. Dies kann den jeweiligen Vorworten der Normen entnommen werden.

[241] Calder, A., Watkins, S., 2012: IT Governance. London, S. 37
[242] Calder, A., 2013: The Case for ISO27001:2013. Ely, S. 102
[243] Brewer, D., 2014: Understanding the New ISO Management System Requirements. London, S. 2
[244] Calder, A., 2013: The Case for ISO27001:2013. Ely, S. 103
[245] ebenda, S. 103
[246] Calder, A., Watkins, S., 2012: IT Governance. London, S. 37
[247] Calder, A., 2013: The Case for ISO27001:2013. Ely, S. 102
[248] Brewer, D., 2014: Understanding the New ISO Management System Requirements. London, S. 2
[249] Auch PDCA-Zyklus oder Deming-Kreis (benannt nach William Edwards Deming) genannt
[250] Brewer, D., 2014: Understanding the New ISO Management System Requirements. London, S. 2
[251] ebenda, S. 19
[252] Calder, A., 2013: The Case for ISO27001:2013. Ely, S. 102
[253] Brewer, D., 2014: Understanding the New ISO Management System Requirements. London, S. 2

Die nachfolgende Abbildung zeigt die wesentlichen Entwicklungsschritte der beiden Normen ISO/IEC 27001:2013 und ISO/IEC 27002:2013.

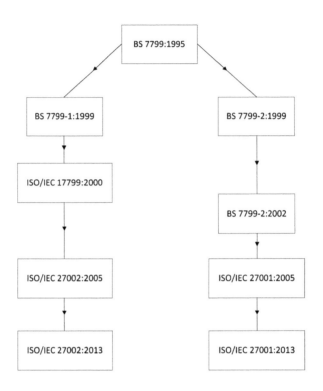

Abbildung 2: Entwicklung der ISO/IEC 27001 und ISO/IEC 27002

Quelle: Eigene Darstellung

5 Die ISO/IEC 27001:2013

5.1 Gründe für die Aktualisierung

Die ISO/IEC 27001 und die ISO/IEC 27002 in ihren Versionen aus dem Jahr 2005 wurden aufgrund des für ISO-Normen vorgesehenen Pflegeprozesses überprüft und aktualisiert.[254] Der maximale Zeitraum für systematische Überprüfungen für ISO-Normen beträgt fünf Jahre[255] (Tabelle 3 „Pflegevorgaben der ISO je Ergebnistyp", S. 19 dieser Masterarbeit). Die Ergebnisse dieser Aktualisierung sind in den „Final draft International Standard", also FDIS ISO/IEC 27001:2013 und FDIS ISO/IEC 27002:2013, dokumentiert.[256]

Nach Brewer sollte eine Managementsystem-Norm eigentlich eine Reihe von Eigenschaften besitzen[257]:

- Anforderungen können in beliebiger Reihenfolge implementiert werden
- Zur Erreichung von Konformität müssen alle Anforderungen gleichzeitig erfüllt werden
- Ein konformes Managementsystem ist selbstheilend
- Alternative Anforderungen sind eindeutig erkennbar
- Objektivität muss gewahrt sein
- Redundante Anforderungen sind zu vermeiden
- Notizen dürfen Anforderungen nicht verändern oder eine Variante einer Implementierungsform vorschreiben

Diese von Brewer geforderten Eigenschaften werden von der ISO/IEC 27001:2005 nur teilweise und von der ISO/IEC 27001:2013 vollständig erfüllt[258]. So wird beispielsweise in der ISO/IEC 27001:2013, im Gegensatz zur ISO/IEC 27001:2005, in Abschnitt 0.1 eindeutig klargestellt, dass die Reihenfolge der in der Norm genannten Anforderungen keiner Wertung gleichzusetzen ist oder die geforderte Implementierungsreihenfolge

---

[254] Humphreys, E., 2002: Guidelines on Requirements and Preparation for ISMS Certification based on ISO/IEC 27001. London, S. 82
[255] ISO/IEC, 2014: ISO/IEC Direktiven, Teil 1. Genf, S. 33
[256] Humphreys, E., 2002: Guidelines on Requirements and Preparation for ISMS Certification based on ISO/IEC 27001. London, S. 82
[257] Brewer, D., 2014: Understanding the New ISO Management System Requirements. London, S. 15-17
[258] ebenda, S. 15

darstellt.[259] Darüber hinaus wurden aus meiner Sicht die Forderung nach Objektivität und der Vermeidung von Redundanzen durch die ISO/IEC 27001:2005 nicht erfüllt. Hinsichtlich der Anforderung nach Objektivität verweise ich auf meine Ausführungen in Abschnitt 6.9 „Änderungen in Kapitel 10" auf Seite 59 dieser Masterarbeit. Die Vermeidung von Redundanzen wird durch die ISO/IEC 27001:2005 insbesondere in der Forderung nach präventiven Aktivitäten (Abschnitt 8.3, insbesondere a) und c) der ISO/IEC 27001:2005) verletzt. Dies liegt daran, dass eine der wichtigsten Aufgaben des in der Norm ISO/IEC 27001 inhärenten Risikomanagementprozesses genau die Erkennung und Vermeidung von potenziellen Risiken adressiert (Abschnitt 4.2.1, insbesondere d) und g) der ISO/IEC 27001:2005) und diese zu vermeiden bzw. zu reduzieren versucht. Die Forderung nach präventiven Aktivitäten ist folglich redundant und wurden deshalb nicht in die neue ISO/IEC 27001:2013 übernommen. Eine weitere Quelle von Redundanzen wurde dadurch vermieden, dass die Forderung nach documented information (dt. „dokumentierte Informationen") immer im Abschnitt der jeweiligen Anforderung genannt wird.[260] Beispielsweise wird die Forderung nach der documented information des festzulegenden Geltungsbereichs im letzten Absatz dieser Anforderung verlangt (Abschnitt 4.3 der ISO/IEC 27001:2013).[261] Infolgedessen sind die Anforderungen nach documented information über die gesamte neue Norm verteilt, und nicht wie in der ISO/IEC 27001:2005 an einer zentralen Stelle in Abschnitt 4.3. zusammengefasst, da dies zu Redundanzen führen würde.[262]

Da Brewer an der Entwicklung der ISO/IEC 27001:2013 beteiligt war[263], darf vermutlich davon ausgegangen werden, dass all diese Anforderungen an eine Managementsystem-Norm zumindest in die Aktualisierungsarbeit eingeflossen sind.

5.2 Geänderte ISO/IEC Direktiven

Die signifikanteste Veränderung der ISO/IEC 27001 ging vom sogenannten Annex SL der ISO/IEC Direktiven, Teil 1 aus. Abschnitt 0.2 der ISO/IEC 27001:2013 sagt aus, dass die vorliegende Norm die „high level structure, identical sub-clause titles, identical core text, common terms, and core definitions" (dt. „übergreifende Gliederung, identische Abschnittsüberschriften, identischer Kerntext, gemeinsame Bedingungen, Kerndefinitionen) des Annex SL der ISO/IEC Direktiven, Teil 1 anwendet.[264]

---

[259] Brewer, D., 2014: Understanding the New ISO Management System Requirements. London, S. 15
[260] Brewer, D., 2013: An Introduction to ISO/IEC 27001:2013, London, S. 10
[261] ebenda, S. 10
[262] ebenda, S. 10
[263] Brewer, D., 2014: Understanding the New ISO Management System Requirements. London, S. viii
[264] ISO/IEC, 2014: ISO/IEC 27001:2013. Genf, S. v

Die ISO/IEC Direktiven wurden im Jahr 2012 aktualisiert und 2014 veröffentlicht.[265] In den ISO/IEC Direktiven ist auch die „Appendix 2" des Annex SL enthalten, der wiederum folgende Inhalte inkludiert:

- die „high level structure"
- die „common terms"
- den „identical core text"
- die „core definitions"[266]

Dieser in Appendix 2 festgelegte Aufbau und Inhalt ist für alle neuen und alle in Überarbeitung befindlichen Normen verbindlich einzuhalten.[267] Ziel dieser Vorgabe ist es die Ausrichtung und die Kompatibilität der ISO-Managementsystemnormen zu verbessern und damit IMS-Implementierungen zu vereinfachen.[268] In der nachfolgenden Tabelle wird die verbindliche „high level structure" (kurz: HLS, dt. „übergreifende Gliederung") der obersten Gliederungsebene mit den jeweils korrespondierenden deutschen Übersetzungen dargestellt:

Kapitel	Englisch	Deutsch
1	Scope	Geltungsbereich
2	Normative reference	Normative Referenzen
3	Terms and definitions	Bedingungen und Definitionen
4	Context of the organization	Kontext der Organisation
5	Leadership	Führung
6	Planning	Planung
7	Support	Unterstützung
8	Operation	Betrieb
9	Performance evaluation	Leistungsbewertung
10	Improvement	Verbesserung

Tabelle 4: Oberste Gliederungsebene der high level structure (HLS)

Quelle: ISO/IEC, 2014: ISO/IEC Direktiven, Teil 1. Genf, S. 126-135 (eigene Übersetzung)

Während die high level structure aus der festgelegten Reihenfolge der Kapitel 1 bis 10 sowie deren Kapitelüberschriften besteht, inkludiert der identical core text die nummerierten Abschnitte (inklusive der Abschnittsüberschriften) und den darin

---

[265] Brewer, D., 2014: Understanding the New ISO Management System Requirements. London, S. vii
[266] ISO/IEC, 2014: ISO/IEC 27000:2014. Genf, S. 126
[267] ebenda, S. 121
[268] ebenda, S. 120-121

enthaltenen Text.[269] Die core definitions sind im Kapitel 3 der high level structure in Appendix 2 festgelegt.[270] Sollte ein Begriff darin nicht enthalten sein, so ist die Definition des „Oxford English Dictionary" (dt. „Oxford Englisches Wörterbuch") zu verwenden.[271]

Sollten die verbindlichen Vorgaben, welche die high level structure beinhaltet, von einer Norm geändert werden müssen, so ist das Technical Management Board der ISO darüber mit einer Begründung zu informieren.[272] Dieses Gremium wird anschließend eine Überprüfung des Anliegens vornehmen.[273] Eine solche Änderung der high level structure kann durch Löschen, Hinzufügen und Verschieben von Anforderungen erfolgen.[274] Diese Möglichkeit wurde von der ISO/IEC eingeräumt, damit für eine Norm inkompatible Anforderungen des Appendix 2 verändert werden können.[275] Eine Veränderung der Appendix 2-Anforderungen ist nicht gestattet, wenn Anforderungen einfach nur unerwünscht (d. h. unbequem) sind oder besser formuliert werden können.[276]

Anforderungen, welche nur für einen Bereich (z. B. Informationssicherheit) notwendig sind, werden als „discipline-specific text" (dt. „bereichsspezifischer Text") bezeichnet.[277] So enthält die ISO/IEC 27001:2013 beispielsweise für das Risikomanagement discipline-specific text in den Abschnitten 6.1.2, 6.1.3, 8.1, 8.2 und 8.3.[278] Dieses Einfügen von discipline-specific text kann dazu führen, dass die Nummerierung der Abschnitte verändert wird. So wird durch das vorherige Beispiel der Einfügung von Text der Inhalt des Abschnitts 6.1 (identical core text) in den Abschnitt 6.1.1 in der ISO/IEC 27001:2013 verschoben.

Der Umfang an enthaltenem discipline-specific text ist von Norm zu Norm unterschiedlich.[279] Die ISO/IEC 27001:2013 beinhaltet ungefähr zwei DIN A4-Seiten discipline-specific text, von denen der größte Teil in Kapitel 6 enthalten ist.[280] Der Grund für den relativ geringen Umfang von discipline-specific text im Vergleich zu anderen Normen ist, dass die ISO/IEC 27001 die Sicherheitsmaßnahmen in einem umfangreichen Anhang (ISO/IEC 27001:2013: 13 Seiten) ausgelagert hat.[281]

---

[269] ISO/IEC, 2014: ISO/IEC 27000:2014. Genf, S. 121
[270] ebenda, S. 126-129
[271] Brewer, D., 2014: Understanding the New ISO Management System Requirements. London, S. 6
[272] ISO/IEC, 2014: ISO/IEC 27000:2014. Genf, S. 121
[273] ebenda, S. 121
[274] Brewer, D., 2014: Understanding the New ISO Management System Requirements. London, S. 4
[275] ebenda, S. 4
[276] ebenda, S. 4
[277] ebenda, S. 4
[278] ISO/IEC, 2013: ISO/IEC 27001:2013. Genf, S. 3-4 und S. 7
[279] Brewer, D., 2014: Understanding the New ISO Management System Requirements. London, S. 5
[280] ebenda, S. 5
[281] ebenda, S. 5

6 Änderungen an der ISO/IEC 27001:2013 gegenüber der ISO/IEC 27001:2005

6.1 Feststellung von Änderungen

An der ISO/IEC 27001:2013 wurde eine Vielzahl von Änderungen im Vergleich zur ISO/IEC 27001:2005 vorgenommen, die in den folgenden Abschnitten näher erläutert werden.

Grundlage für die nachfolgenden Ausführungen sind eigene Textanalysen sowie die Tabellen, welche im Dokument „JTC 1/SC 27/SD3 – Mapping Old-New Editions of ISO/IEC 27001 and ISO/IEC 27002"[282] (kurz: SD3, dt. „JTC 1/SC 27/SD3 – Zuordnung der alten und neuen Editionen der ISO/IEC 27001 und ISO/IEC 27002") dargestellt sind. Dieses Dokument wurde von der JTC 1/SC 27 am 25. Oktober 2013 herausgegeben. Das Dokument SD3 soll insbesondere für diejenigen Leser interessant sein, die ihr ISO/IEC 27001:2005-konformes ISMS auf die neue Version migrieren wollen.[283] In der im SD3-Dokument enthaltenen Vergleichstabelle (Tabelle A), in der die beiden ISO/IEC 27001-Versionen verglichen werden, sind für die neue Version im Vergleich zur alten Norm 29 neue und 15 weggefallene Anforderungen genannt.[284]

Im Wesentlichen enthält das SD3-Dokument drei Tabellen[285]:
1. Tabelle A: Vergleich der ISO/IEC 27001:2013 mit der ISO/IEC 27001:2005
2. Tabelle B: Vergleich der ISO/IEC 27002:2005 mit der ISO/IEC 27002:2013
3. Tabelle C: Vergleich der ISO/IEC 27002:2013 mit der ISO/IEC 27002:2005

Auf einen wichtigen Hinweis zum Dokument SD3 wird in dessen Einleitung aufmerksam gemacht. Mit der Nennung einer Beziehung zwischen den Anforderungen zweier Versionen in den Tabellen wird nicht ausgesagt, dass die gegenübergestellten

---

[282] ISO/IEC, 2013: JTC 1/SC 27/SD3 – Mapping Old-New Editions of ISO/IEC 27001 and ISO/IEC 27002. http://www.jtc1sc27.din.de/sixcms_upload/media/3031/ISO-IECJTC1-SC27_N13143_SD3_FINAL_TEXT_REV_2_Oct2013.pdf. Berlin, S. 4-32. Zugegriffen am: 18.10.2014
[283] ebenda, S. 2
[284] ebenda, S. 4-13
[285] ebenda, S. 2

Anforderungen identisch sind.[286] Vielmehr muss der Leser die Bedeutung bzw. den Grad der Veränderungen selbst bewerten.[287] Eine solche Analyse mit anschließender Bewertung wird von mir in den folgenden Abschnitten vorgenommen. Dabei wurden auf Basis der Tabelle A des SD3-Dokuments[288] insbesondere alle dort genannten Einträge untersucht. Wurde bei der Analyse festgestellt, dass die Anforderungen in der neuen Norm mit denen der alten Norm weitestgehend identisch sind, wird darauf in dieser Masterarbeit nicht näher eingegangen. Sind die Einträge jedoch signifikant verschieden oder neu in die neue Norm hinzugekommen, werden die Unterschiede bzw. Neuerungen genannt und erläutert. Sollte ich bei der Untersuchung zu anderen Ergebnissen, als im SD3-Dokument aufgeführt, kommen, so wird dies ebenfalls aufgezeigt und das Resultat ausführlich begründet.

Außerdem sind in den folgenden Abschnitten auch Ergebnisse aus dem durchgeführten Dokumentenvergleich enthalten, die nicht auf der Basis des SD3-Dokuments beruhen. Sie sind das Ergebnis einer intensiven Dokumentenanalyse der beiden Versionen der ISO/IEC 27001.

6.2 Änderungen in der Anwendung der Norm

Eine Klarstellung betrifft die Norm als Ganzes. So war es für unerfahrene Leser der Norm nicht offensichtlich, in welcher Reihenfolge die Anforderungen implementiert werden müssen. D. h. es gab Leser, die aus der Reihenfolge der Anforderungen eine einzuhaltende Implementierungsreihenfolge schlossen. Diese Unklarheit adressiert die neue ISO/IEC 27001 eindeutig. In Abschnitt 0.1 dieser Norm wird ausgeführt, dass die Anforderungen in beliebiger Reihenfolge eingeführt werden können und die Reihenfolge der Nennung darüber hinaus keine Rangfolge oder Wertigkeit darstellt.[289]

6.3 Änderungen in Kapitel 4

In diesem Abschnitt werden die geänderten Inhalte der neuen ISO/IEC 27001:2013 hinsichtlich des Verständnisses der Organisation und ihres Umfeldes näher erläutert.

Die Definition des Geltungsbereichs wird in der ISO/IEC 27001:2013 deutlich erweitert. So wurden Anforderungen zur Darlegung des Verständnisses der Organisation und

---

[286] ISO/IEC, 2013: JTC 1/SC 27/SD3 – Mapping Old-New Editions of ISO/IEC 27001 and ISO/IEC 27002. http://www.jtc1sc27.din.de/sixcms_upload/media/3031/ISO-IECJTC1-SC27_N13143_SD3_FINAL_TEXT_REV_2_Oct2013.pdf. Berlin, S. 2. Zugegriffen am: 18.10.2014
[287] ebenda, S. 2
[288] ebenda, S. 4-13
[289] ISO/IEC, 2013: ISO/IEC 27001:2013. Genf, S. v

ihrer Rahmenbedingungen sowie des Verständnisses von Bedürfnissen und Erwartungen von interessierten Dritten, wie zum Beispiel Stakeholdern, ergänzt (Abschnitt 4.1). Das Dokument SD3 stellt dieser Anforderung den Abschnitt 8.3 der alten Norm gegenüber.[290] In diesem Abschnitt sollen die Ursachen potenzieller Abweichungen identifiziert und durch entsprechende Präventivmaßnahmen vermieden werden. In Abschnitt 4.2.1 a) der alten Norm muss der Geltungsbereich des ISMS festgelegt werden.

Die neue Norm fordert in Abschnitt 4.1 hingegen, dass alle internen und externen Aspekte ermittelt werden, welche das ISMS positiv und/oder negativ beeinflussen. Die neue Norm verweist dabei in einer Anmerkung auf den Abschnitt 5.3 der ISO 31000. Nach Humphreys sollen unter Anwendung der Vorgaben aus dieser Norm sowohl der interne (5.3.2) als auch der externe (5.3.3) Kontext einer Organisation bestimmt werden.[291]

Darüber hinaus muss das ISMS die Erreichung der beabsichtigten Ziele unterstützen (Abschnitt 4.1). Für den Erfolg des Managementsystems ist es deshalb nach Brewer notwendig, die Organisation und ihr Umfeld zu verstehen.[292] Die Norm erwartet also, dass vor der Etablierung eines ISMS der Kontext der Organisation verstanden wurde. Beispiele derartiger Aspekte sind: Politische und finanzielle Rahmenbedingungen, Wettbewerbsumfeld, Beziehungen zu externen Teilhabern.[293]

Grundsätzlich beinhaltet der Managementteil der ISO/IEC 27001:2013 mehr Forderungen zur Orientierung des ISMS an den Forderungen der interested parties (dt. „interessierte Parteien") des ISMS (Abschnitt 4.2). Die interessierten Parteien, welche Relevanz für das ISMS haben, müssen zunächst ermittelt werden (Abschnitt 4.2 a)). Interested parties können zum Beispiel Kunden, Lieferanten, Aufsichtsbehörden oder Muttergesellschaften sein.[294] Eine derartige Anforderung existiert in der ISO/IEC 27001:2005 nicht.[295]

Des Weiteren muss gemäß Abschnitt 4.2 b) der Bedarf dieser interessierten Parteien verstanden werden. Dieser Bedarf bzw. die Erwartungen können sich beispielsweise in Gesetzen, Verträgen oder sonstigen Regularien manifestieren, aber auch in nicht schriftlicher Form bestehen.[296]

---

[290] ISO/IEC, 2013: JTC 1/SC 27/SD3 – Mapping Old-New Editions of ISO/IEC 27001 and ISO/IEC 27002. http://www.jtc1sc27.din.de/sixcms_upload/media/3031/ISO-IECJTC1-SC27_N13143_SD3_FINAL_TEXT_REV_2_Oct2013.pdf. Berlin, S. 4. Zugegriffen am: 18.10.2014

[291] Humphreys, E., 2002: Guidelines on Requirements and Preparation for ISMS Certification based on ISO/IEC 27001. London, S. 12-13

[292] Brewer, D., 2014: Understanding the New ISO Management System Requirements. London, S. 27

[293] ebenda, S. 27-28

[294] ebenda, S. 29

[295] ISO/IEC, 2013: JTC 1/SC 27/SD3 – Mapping Old-New Editions of ISO/IEC 27001 and ISO/IEC 27002. http://www.jtc1sc27.din.de/sixcms_upload/media/3031/ISO-IECJTC1-SC27_N13143_SD3_FINAL_TEXT_REV_2_Oct2013.pdf. Berlin, S. 4. Zugegriffen am: 18.10.2014

[296] Brewer, D., 2014: Understanding the New ISO Management System Requirements. London, S. 29

Die ISO/IEC 27001:2013 fordert in Abschnitt 4.3, dass Organisationen die Grenzen und den Anwendungsbereich (engl.: „scope") des ISMS ermitteln. Dabei sind die eruierten Informationen aus den Abschnitten 4.1 und 4.2 (neue Norm) sowie die Schnittstellen und Abhängigkeiten aufgrund von Outsourcing-Konstellationen unbedingt zu berücksichtigen. Diese Schnittstellen und Abhängigkeiten mit einzubeziehen, ist neu in der Norm ISO/IEC 27001.[297] Bei der alten ISO/IEC 27001 lag der Fokus auf der Abgrenzung des ISMS Asset-bezogen innerhalb der eigenen Organisation (Abschnitt 4.2.1 a)).[298] Hierdurch wird ein wesentlicher Unterschied der beiden Normen deutlich: Die neue Norm bezieht das Umfeld der Organisation deutlich stärker in das ISMS mit ein.

Der Scope des ISMS muss dokumentiert sein.[299] Nach Brewer jedoch nicht der Kontext, die interessierten Parteien und ihre Anforderungen.[300]

Brewer macht in diesem Zusammenhang einen wichtigen Hinweis: Der Begriff Top Management bezieht sich in der Norm auf das ISMS.[301] Das Top Management des ISMS muss nicht mit dem Top Management der Organisation übereinstimmen. Sollte das Top Management der Organisation die in der ISO/IEC 27001:2013 für sie vorgesehenen Aufgaben nicht erfüllen können bzw. sollen, sollte die Organisation hinsichtlich des ISMS als Untermenge der (Gesamt-)Organisation (z. B. eines Unternehmens) definiert werden.[302] Hierbei handelt es sich zwar nicht um eine Neuerung. Die neue Norm ist diesbezüglich jedoch deutlich einfacher verständlich und präziser in ihren Formulierungen, was in der Praxis zu mehr Klarheit führen dürfte.

Das Dokument SD3 listet für das Kapitel 4 folgende neue Anforderungen für die ISO/IEC 27001:2013 im Vergleich zur alten Norm auf[303]:

- 4.2 a) Bestimmen der interessierten Parteien, die für das ISMS relevant sind
- 4.3 c) Schnittstellen und Abhängigkeiten zu anderen Organisationen

Die Bestimmung der für das ISMS einer Organisation interessierten Parteien ist in der alten ISO/IEC 27001 nicht enthalten. Auch die Anforderung die Schnittstellen und Abhängigkeiten zu anderen Organisationen, welche Aktivitäten für die eigene Organisation durchführen, ist neu in der ISO/IEC 27001:2013.

---

[297] ISO/IEC, 2013: JTC 1/SC 27/SD3 – Mapping Old-New Editions of ISO/IEC 27001 and ISO/IEC 27002. http://www.jtc1sc27.din.de/sixcms_upload/media/3031/ISO-IECJTC1-SC27_N13143_SD3_FINAL_TEXT_REV_2_Oct2013.pdf. Berlin, S. 4. Zugegriffen am: 18.10.2014

[298] ISO/IEC, 2005: ISO/IEC 27001:2005. Genf, S. 4

[299] ISO/IEC, 2013: ISO/IEC 27001:2013. Genf, S. 2

[300] Brewer, D., 2014: Understanding the New ISO Management System Requirements. London, S. 32

[301] ebenda, S. 31

[302] ebenda, S. 31

[303] ISO/IEC, 2013: JTC 1/SC 27/SD3 – Mapping Old-New Editions of ISO/IEC 27001 and ISO/IEC 27002. http://www.jtc1sc27.din.de/sixcms_upload/media/3031/ISO-IECJTC1-SC27_N13143_SD3_FINAL_TEXT_REV_2_Oct2013.pdf. Berlin, S. 4. Zugegriffen am: 18.10.2014

Ich bin der Meinung, dass der in Abschnitt 4.1 der neuen Norm formulierten Anforderung keine Entsprechung in der alten Norm gegenübersteht. Eine Organisation wird in diesem Abschnitt verpflichtet, die internen und externen Fragestellungen zu bestimmen, die für die Organisation relevant sind und die Zielerreichung des ISMS beeinflussen können. Eine derartige Anforderung kann ich dem Abschnitt 8.3 der alten Norm, wie es im Dokument SD3 notiert ist, nicht entnehmen. Dort sind die Anforderungen an Präventivmaßnahmen, insbesondere im Zusammenhang mit Abweichungen, dokumentiert.

Bei den Anforderungen zur Bestimmung des Geltungsbereichs des ISMS in Abschnitt 4.3 a) interne und externe Fragestellung sowie in Abschnitt 4.3 b) die Anforderungen der Bedürfnisse und Erwartungen der interessierten Parteien zu berücksichtigen, handelt es sich meiner Meinung nach ebenfalls um neue Anforderungen. In der alten Norm ISO/IEC 27001:2005 lassen sich solche Forderungen nicht finden. Die im Dokument SD3 genannten Abschnitte enthalten diese Anforderungen nicht:

- Für Abschnitt 4.3 a) der neuen Norm die Abschnitte 4.2.1 a) und 4.2.3 f): Letztere beziehen sich auf den Geltungsbereich und die Abgrenzung des ISMS beziehungsweise auf die regelmäßige Überprüfung des ISMS.
- Für Abschnitt 4.3 b) der neuen Norm den Abschnitt 4.2.3 f), welcher die regelmäßige Überprüfung des ISMS beinhaltet.

6.4 Änderungen in Kapitel 5

In diesem Abschnitt werden die Änderungen an der ISO/IEC 27001 bezüglich der Führung durch das Top Management aufgezeigt.

Laut Humphreys sind die Managementunterstützung und -verpflichtung für ein ISMS Schlüsselfaktoren zur Erreichung eines erfolgreichen und effektiven ISMS.[304] Mit der neuen Version wurde ein Kernelement der ISO/IEC 27001 verstärkt. Dies wird insbesondere anhand der neuen Anforderungen[305] an ein ISMS im Abschnitt 5.1 b) deutlich. Demgemäß hat das Top Management zu gewährleisten, dass die ISMS-Anforderungen in die Prozesse der Organisation integriert werden. Darüber hinaus sind noch weitere Anforderungen bezüglich der Managementunterstützung und -verpflichtung zumindest erweitert und/oder präzisiert worden. Dies betrifft z. B. die folgenden Anforderungen der neuen Norm, nach denen das Top Management dazu verpflichtet wird:

---

[304] Humphreys, E., 2002: Guidelines on Requirements and Preparation for ISMS Certification based on ISO/IEC 27001. London, S. 11
[305] ISO/IEC, 2013: JTC 1/SC 27/SD3 – Mapping Old-New Editions of ISO/IEC 27001 and ISO/IEC 27002. http://www.jtc1sc27.din.de/sixcms_upload/media/3031/ISO-IECJTC1-SC27_N13143_SD3_FINAL_TEXT_REV 2_Oct2013.pdf. Berlin, S. 4. Zugegriffen am: 18.10.2014

- sicherzustellen, dass die Informationssicherheitsziele kompatibel mit den strategischen Zielen der Organisation sind,
- sicherzustellen, dass das ISMS die vorgesehenen Ergebnisse erzielt und
- ihre Führung durch die Unterstützung von relevanten Managern zu demonstrieren.

Weitere Änderungen ergeben sich durch die ISO/IEC 27001:2013 für die Policy bzgl. Informationssicherheit. Die neue Norm spricht dabei nicht mehr von einer „ISMS policy" (alte Norm, Abschnitt 4.3.1 a))[306], sondern verweist namentlich auf eine „information security policy" (Abschnitt 5.2). Der Schwerpunkt dieser Richtlinie liegt mit der neuen Norm, anders als es der Name vermuten lässt, stärker auf dem Managementsystem selbst.

Eine nennenswerte Änderung ist die Art der Formulierung. In der alten Norm musste das Management seine Verpflichtung nachweisen können (Abschnitt 5.1). Die neue Norm hingegen verlangt vom Top Management, dass es bezüglich der Informationssicherheit die Führung übernimmt und dies sichtbar werden muss (Abschnitt 5.1). Demgegenüber sind die Anforderungen der information security policy in der neuen Norm generischer gehalten, als diejenigen an die ISMS policy der alten Norm. So muss die information security policy lediglich dem Zweck der Organisation angemessen sein (neue Norm, Abschnitt 5.2 a)). Die ISMS policy hingegen muss detaillierter beschriebenen Kriterien gerecht werden; z. B. geschäftliche, rechtliche und regulatorische Anforderungen (alte Norm, Abschnitt 4.2.1 b) 2)).

In Abschnitt 5.3 der ISO/IEC 27001:2013 lassen sich ebenfalls Änderungen gegenüber der vorherigen Version ausmachen. So wird in der neuen Norm zwingend verlangt, dass das Top Management die Verantwortlichkeiten und Befugnisse für Rollen im Bereich Informationssicherheit zugewiesen hat und diese kommuniziert werden. In der alten Norm hingegen mussten die Rollen zwar durch das Management etabliert (Abschnitt 5.1 c)), jedoch nicht mitgeteilt werden. Außerdem muss die Verantwortlichkeit für den Bericht der Leistungseinschätzung des ISMS, welcher an das Top Management übermittelt wird, festgelegt sein (neue Norm, Abschnitt 5.3 b)). Eine entsprechende explizite Forderung hierzu ist in der alten Norm nicht zu finden.

---

[306] ISO/IEC, 2005: ISO/IEC 27001:2005. Genf, S. 7

Die ISO/IEC 27001:2013 legt nach Brewer folgende vier Rollen in der Norm fest, die mindestens zugewiesen sein müssen:[307]

1. Rolle „top management" (Kapitel 5)
2. Rolle „management review" (Abschnitt 9.3)
3. Rolle „audit programme" (Abschnitt 9.2 c))
4. Rolle „risk owner" (Abschnitt 6.1.2 c) 2))

Humphreys führt diesbezüglich ergänzend aus, dass Personen, denen Verantwortlichkeiten für Informationssicherheit zugewiesen wurden, diese zwar delegieren dürfen, jedoch weiterhin für die ordnungsgemäße Ausführung der übertragenen Aufgaben verantwortlich sind.[308]

Das Dokument SD3 listet für das Kapitel 5 folgende neue Anforderung für die ISO/IEC 27001:2013 im Vergleich zur alten Norm auf[309]:

- 5.1 b) Das Top-Management muss zeigen, dass es das ISMS führt und sich für die Belange des ISMS engagiert und diese unterstützt. Das bedingt gemäß ISO/IEC 27001:2013, dass sichergestellt wird, dass die Anforderungen aus dem ISMS in die Organisationsprozesse integriert werden.

Darüber hinaus bin ich der Meinung, dass es sich bei der Anforderung in Abschnitt 5.1 f) der neuen Norm um eine neue Anforderung handelt. Darin wird das Top-Management verpflichtet zu zeigen, dass es Personen, welche zur Effektivität des ISMS beitragen, leitet und unterstützt. Eine solche Anforderung kann ich den Abschnitten 5.1 b), g), h), wie es das Dokument SD3 nahelegt, nicht entnehmen. In den letztgenannten Abschnitten und im gesamten Abschnitt 5.1 der alten Norm wird diese Anforderung nirgends explizit genannt.

6.5 Änderungen in Kapitel 6

Die ISO/IEC 27001:2013 behandelt in Kapitel 6 die Anforderung hinsichtlich der Planung (engl.: „planning") des ISMS. Die Abschnitte 6.1.1 und 6.3 bestehen aus dem identical core text des Appendix 2 der ISO/IEC Direktiven, Teil 1.[310] Demgegenüber stellen die Abschnitte 6.1.2 „Information security risk assessment" und 6.1.3 „Information security risk treatment" discipline-specific text dar.

---

[307] Brewer, D., 2014: Understanding the New ISO Management System Requirements. London, S. 53
[308] Humphreys, E., 2002: Guidelines on Requirements and Preparation for ISMS Certification based on ISO/IEC 27001. London, S. 19
[309] ISO/IEC, 2013: JTC 1/SC 27/SD3 – Mapping Old-New Editions of ISO/IEC 27001 and ISO/IEC 27002. http://www.jtc1sc27.din.de/sixcms_upload/media/3031/ISO-IECJTC1-SC27_N13143_SD3_FINAL_TEXT_REV 2_Oct2013.pdf. Berlin, S. 4-5. Zugegriffen am: 18.10.2014
[310] ISO/IEC, 2014: ISO/IEC Direktiven, Teil 1. Genf, S. 131-132

Nach Humphreys wurden die verwendeten Definitionen, Fachbegriffe und Prinzipien in der ISO/IEC 27001:2013 mit der internationalen Norm für Risikomanagement, der ISO 31000[311], weitgehend harmonisiert.[312] Dies kann anhand der folgenden Inhalte der ISO 31000 und der jeweils korrespondierenden Abschnitte der ISO/IEC 27001:2013 nachvollzogen werden[313]:

- Die Risikoidentifikation, -analyse, -evaluierung der ISO 31000 korrespondiert mit dem Risikobewertungsprozess der ISO/IEC 27001:2013 in Abschnitt 6.1.2.
- Der Risikobehandlungsprozess korrespondiert mit der ISO/IEC 27001:2013 in Abschnitt 6.1.3.
- Die Kommunikationsaspekte des Risikomanagements korrespondieren mit dem Kommunikationsprozess der ISO/IEC 27001:2013 in Abschnitt 7.4.
- Die Überwachungs- und Überprüfungsaspekte korrespondieren mit dem Leistungsbeurteilungsprozess der ISO/IEC 27001:2013 in Kapitel 9.

Dies ist ein wichtiger Aspekt bei der Analyse der ISO/IEC 27001:2013. Die neue Norm hatte u. a. zum Ziel, die Einführung und den Betrieb von integrierten Managementsystemen zu vereinfachen.[314] Die ISO/IEC 27001:2013 beinhaltet in Kapitel 6 ein Risikomanagementsystem für Risiken hinsichtlich Informationssicherheit. Um Widersprüche zu vermeiden war es bei der Entwicklung der ISO/IEC 27001:2013 wichtig, die allgemein für Risikomanagementsysteme existierende internationale Norm ISO 31000 zu berücksichtigen. Die ISO/IEC 27001:2013 weist deshalb in einer Anmerkung daraufhin, dass die Bewertung und die Behandlung von Informationssicherheitsrisiken innerhalb der Norm mit den Prinzipien und allgemeinen Richtlinien der ISO 31000 übereinstimmen.[315] Anwender der ISO/IEC 27001:2013 sind jedoch nicht an eine bestimmte Methode oder Norm zum Risikomanagement gebunden. Die neue Norm fordert an keiner Stelle eine bestimmte Methode zum Risikomanagement. Vielmehr existiert eine Vielzahl an Risikomanagement-Normen und -Empfehlungen, welche im Rahmen des Managements von Informationssicherheitsrisiken angewandt werden können. Humphreys nennt hierzu folgende Normen bzw. Dokumente:[316]

- ISO 31000[317]
- IEC/ISO 31010[318]

---

[311] ISO 31000: Risikomanagement - Allgemeine Anleitung zu den Grundsätzen und zur Implementierung eines Risikomanagements
[312] Humphreys, E., 2002: Guidelines on Requirements and Preparation for ISMS Certification based on ISO/IEC 27001. London, S. 8
[313] ebenda, S. 10
[314] Brewer, D., 2014: Understanding the New ISO Management System Requirements. London, S. vii
[315] ISO/IEC, 2013: ISO/IEC 27001:2013. Genf, S. 4
[316] Humphreys, E., 2002: Guidelines on Requirements and Preparation for ISMS Certification based on ISO/IEC 27001. London, S. 22
[317] ISO 31000: Risikomanagement - Allgemeine Anleitung zu den Grundsätzen und zur Implementierung eines Risikomanagements
[318] IEC/ISO 31010: Risikomanagement - Verfahren zur Risikobeurteilung

- ISO/IEC 27005[319]
- BS 7799-3[320]
- BIP 076

Brewer führt zum Risikomanagement aus, dass ein ISO/IEC 27001:2005-konformes ISMS den Vorgaben der ISO/IEC 27001:2013 hinsichtlich der Risikoidentifizierung (engl.: „risk identification") entspricht.[321] Dies liegt daran, dass zwar Vorgaben aus der alten Norm, z. B. die Identifizierung von Vermögensgegenständen, Bedrohungen und Schwachstellen, nicht in die neue Norm übernommen wurden und damit wegfallen.[322] Es sind aber diesbezüglich keine neuen Anforderungen hinzugekommen. Folglich sind auch an dieser Stelle in der neuen Norm weniger Anforderungen im Vergleich zur alten Norm enthalten. Aufgrund der Aktualisierung der Norm sind demnach keine Anpassungen hinsichtlich der Risikoidentifizierung an einem bestehenden ISO/IEC 27001:2005-konformen-ISMS vorzunehmen. Vielmehr können mit dem Wegfall der genannten Anforderungen durch die neue Norm sogar Einsparungen beim Betrieb erzielt werden, da einige Aktivitäten (z. B. Identifizierung von Vermögensgegenständen) nicht mehr durchgeführt werden müssen.

In Abschnitt 6.1.1 General (dt. „Allgemein") wird, wie auch in Abschnitt 6.3 „Änderungen in Kapitel 4" auf Seite 42 dieser Masterarbeit, deutlich, dass die neue Norm den Kontext der Organisation sowie die Anforderungen und Erwartungen der interested parties stärker in das ISMS einbezieht. So muss eine Organisation, die ein ISMS gemäß der ISO/IEC 27001:2013 aufbaut, diese Aspekte aus den Abschnitten 4.1 und 4.2 der Norm bei der Identifikation von Risiken und Chancen (engl.: „risks and opportunities") zwingend berücksichtigen (Abschnitt 6.1.1).
Dass die ISO/IEC 27001:2013 risks and opportunities nennt, hat seinen Ursprung im identical core text des Appendix 2 der ISO/IEC Direktiven, Teil 1.[323]

Das Dokument SD3 listet für den Abschnitt 6.1 sechs neue Anforderungen für die ISO/IEC 27001:2013 im Vergleich zur alten Norm auf[324]:
- 6.1.1 a) ISMS Ergebnisse (engl.: „ISMS outcome(s)")
- 6.1.1 b) unerwünschte Effekte (engl.: „undesired effects")
- 6.1.1 c) kontinuierliche Verbesserung (engl.: „continual improvement")
- 6.1.2 a) Kriterien zur Risikobewertung (engl.: „risk criteria")

---

[319] ISO/IEC 27005: Informationstechnik - IT-Sicherheitsverfahren - Informationssicherheits-Risikomanagement
[320] BS 7799-3: Informationssicherheitsmanagementsysteme - Richtlinien für Informationssicherheitsmanagement
[321] Brewer, D., 2014: Understanding the New ISO Management System Requirements. London, S. 73
[322] ebenda, S. 73
[323] ISO/IEC, 2014: ISO/IEC Direktiven, Teil 1. Genf, S. 131
[324] ISO/IEC, 2013: JTC 1/SC 27/SD3 – Mapping Old-New Editions of ISO/IEC 27001 and ISO/IEC 27002. http://www.jtc1sc27.din.de/sixcms_upload/media/3031/ISO-IECJTC1-SC27_N13143_SD3_FINAL_TEXT_REV 2_Oct2013.pdf. Berlin, S. 6-7. Zugegriffen am: 18.10.2014

- 6.1.2 a) 2) Kriterien zur Durchführung der Risikobewertung von Informationssicherheitsrisiken (engl.: „criteria for performing information security risk assessment")
- 6.1.3 c) Maßnahmenvergleich mit Annex A (engl.: „compare the controls ... with those in Annex A")

Es muss gewährleistet werden, dass das ISMS die beabsichtigten Ergebnisse liefert (Abschnitt 6.1.1 a)), unerwünschte Effekte vermieden oder reduziert werden (Abschnitt 6.1.1 b)) und kontinuierliche Verbesserungen erzielt werden (Abschnitt 6.1.1 c)). Diese Anforderungen haben in der bisherigen Version 2005 der Norm gemäß dem Dokument SD3 bislang nicht existiert.[325] Entgegen dieser Darstellung bin ich der Meinung, dass die Anforderung in Abschnitt 6.1.1 c) kontinuierliche Verbesserungen zu erreichen, auch in der alten Norm in Abschnitt 8.1 bestand. Der einzige Unterschied besteht darin, dass die alte Norm eine Auflistung enthält, wodurch diese kontinuierliche Verbesserung erzielt werden soll (z. B. durch Nutzung der information security policy und von Auditergebnissen). Streng genommen beziehen sich die Forderungen nach Verbesserungen in der alten Norm auf die Effektivität des ISMS (Abschnitt 8.1) und nicht wie in ISO/IEC 27001:2013 auf allgemeine Verbesserungen (Abschnitt 6.1.1 c)) des ISMS.
Die beiden Anforderungen in Abschnitt 6.1.1 a) und 6.1.1 b) der ISO/IEC 27001:2013 werden auch aus meiner Sicht in der alten Norm nicht adressiert.

Grundsätzlich ist darauf hinzuweisen, dass sich der Abschnitt 6.1.1 der neuen Norm auf das ISMS selbst bezieht und die Informationssicherheitsrisiken in den Abschnitten 6.1.2 und 6.1.3 behandelt werden. Ferner wurde in der neuen Norm auch der bisherige auf organisationseigene Werte bzw. assets basierende Ansatz zugunsten eines risikoorientierten Ansatzes verworfen. In der ISO/IEC 27001:2013 müssen die assets und deren Eigentümer nicht mehr ermittelt werden, wie dies noch in der alten Norm gefordert wurde (Abschnitt 4.2.1 d) 1)). Die neue Norm kennt nur noch einen risk owner (dt. „Risikoeigentümer"), der für Informationssicherheitsrisiken zu identifizieren ist (Abschnitt 6.1.2 c) 2)).

In Abschnitt 6.1.2 a) 2) der ISO/IEC 27001:2013 befindet sich die Anforderung, Kriterien zur Durchführung einer Risikobewertung von Informationssicherheitsrisiken zu etablieren und zu pflegen. Diese Anforderung ist im Vergleich zur alten Norm neu hinzugekommen.

---

[325] ISO/IEC, 2013: JTC 1/SC 27/SD3 – Mapping Old-New Editions of ISO/IEC 27001 and ISO/IEC 27002. http://www.jtc1sc27.din.de/sixcms_upload/media/3031/ISO-IECJTC1-SC27_N13143_SD3_FINAL_TEXT_REV_2_Oct2013.pdf. Berlin, S. 6. Zugegriffen am: 18.10.2014

Die ISO/IEC 27001:2013 enthält im Abschnitt 6.1.2 c) 2) eine weitere Neuerung. So wird in dem Abschnitt gefordert, dass der risk owner (dt. „Risikoverantwortliche") identifiziert wird. Demgegenüber fordert die alte Norm den Verantwortlichen für den Vermögensgegenstand zu identifizieren. Daraus lässt sich ableiten, dass die neue Norm einen risikoorientierteren Ansatz im Vergleich zur alten Norm verfolgt.

Humphreys weist zum Abschnitt 6.1.2 der neuen Norm darauf hin, dass die Risikobewertung eine zwingende Anforderung der Norm ist, diese jedoch nicht verlangt, dass dazu Softwarewerkzeuge eingesetzt werden müssen.[326] Gleichwohl empfiehlt er dies, insbesondere deshalb, weil die Risikobewertung regelmäßig überprüft werden muss und derartige Hilfen für diesen Prozess Vorteile bringen.[327]

In Abschnitt 6.1.3 c) verlangt die ISO/IEC 27001:2013, dass die im Rahmen der Risikobehandlung festgelegten Maßnahmen (Abschnitt 6.1.3 b)) mit den in Annex A enthaltenen Maßnahmen verglichen werden. Dabei soll überprüft werden, dass keine notwendige Maßnahme übersehen wurde.[328] In der zu diesem Abschnitt zugehörigen Anmerkung „NOTE 2" (dt. „Hinweis 2"), wird darauf hingewiesen, dass die in Annex A enthaltenen Maßnahmen gegebenenfalls nicht ausreichen und darüber hinaus weitere Maßnahmen zu definieren und zu implementieren sind. In der alten Norm ISO/IEC 27001 wird in Abschnitt 4.2.1 g) gefordert, dass die Maßnahmen und -ziele des Anhang A der Norm ausgewählt werden.

Organisationen haben bei Anwendung der neuen Norm mehr Gestaltungsspielraum, da sie nicht mehr zwingend die Maßnahmen des Anhangs A verwenden müssen und nachzuweisen haben, dass sie implementiert wurden. In „NOTE 1" des Abschnitts 6.1.3 b) der ISO/IEC 27001:2013 wird mitgeteilt, dass Organisationen die Maßnahmen wie erforderlich entwerfen können oder sie aus jeglicher Quelle beziehen können.[329] Demzufolge können sie die Maßnahmen beispielsweise aus dem IT-Grundschutz oder der ISO/IEC 27002:2013 verwenden und durch eine Prüfung gegen die Maßnahmen des Anhangs A nachweisen, dass keine notwendigen Maßnahmen übersehen wurden. Somit ist darin insbesondere eine im Ablauf unterschiedliche Herangehensweise festzustellen. Bei Verwendung der alten Norm wurden die Maßnahmen aus dem Anhang A herangezogen und diese angemessen umgesetzt. In der neuen Norm hingegen werden erst angemessene Maßnahmen definiert, welche anschließend auf ihre Vollständigkeit gegen den Anhang A geprüft werden. In der Praxis dürfte dieser eher theoretische Unterschied jedoch keine große Bedeutung entfalten, da das Ergebnis in beiden Fällen überwiegend identisch sein wird. Wichtig ist, dass der

---

[326] Humphreys, E., 2002: Guidelines on Requirements and Preparation for ISMS Certification based on ISO/IEC 27001. London, S. 22
[327] ebenda, S. 22
[328] ISO/IEC, 2013: ISO/IEC 27001:2013. Genf, S. 4
[329] ebenda, S. 4

Anhang A weiterhin normativen Charakter („Annex A (normative)"[330]) hat und die dort genannten Inhalte damit zwingend zu berücksichtigen sind.[331]

In Abschnitt 6.1.3 f) der neuen Norm wird vorgeschrieben, dass der Risikoverantwortliche über die Freigabe des IS[332]-Risikobehandlungsplans und die Akzeptanz der Restrisiken entscheidet.[333]

Im nächsten Abschnitt 6.2 verwendet die neue ISO/IEC 27001 die Wörter „functions" (dt. „Funktionen") und „level" (dt. „Stufe" oder „Ebene"). Nach Brewer bezieht sich „functions" auf die Funktionen der Organisation und „level" auf die Hierarchiestufen.[334] Folglich fordert die ISO/IEC 27001:2013, dass Organisationen für relevante Bereiche bzw. Funktionen, auf unterschiedlichen Hierarchiestufen Informationssicherheitsziele definieren.[335] Zudem betont die Norm, dass es sich nicht nur um strategische Ziele handeln darf, die einmalig aufgestellt werden: „at relevant functions and levels"[336] (dt. „auf relevanten Funktionen und Ebenen") und „be updated as appropriate"[337] (dt. „angemessen aktualisieren"). Vielmehr bedarf es regelmäßig aktualisierter Ziele auf strategischer, taktischer und operativer Ebene.

Das Dokument SD3 listet für den Abschnitt 6.2 sechs neue Anforderungen für die ISO/IEC 27001:2013 im Vergleich zur alten Norm auf.[338] Informationssicherheitsziele müssen gemäß Abschnitt 6.2 der neuen Norm folgende, über die Anforderungen der alten Norm hinausgehende, Anforderungen erfüllen. Sie müssen

1.) 6.2 b) messbar sein und
2.) 6.2 c) anwendbare Informationssicherheits-Anforderungen sowie Ergebnisse der Risikobewertung und der Risikobehandlung berücksichtigen.

Bei der Planung, wie die Informationssicherheitsziele erreicht werden sollen, sind folgende Aspekte festzulegen:

3.) 6.2 f) Umsetzung
4.) 6.2 g) Ressourcenbedarf
5.) 6.2 h) Verantwortlichkeiten
6.) 6.2 i) Umsetzungstermin

---

[330] ebenda, S. 10
[331] Brewer, D., 2013: An Introduction to ISO/IEC 27001:2013, London, S. 102
[332] IS: Informationssicherheit
[333] ISO/IEC, 2013: ISO/IEC 27001:2013. Genf, S. 4
[334] Brewer, D., 2014: Understanding the New ISO Management System Requirements. London, S. 34
[335] ISO/IEC, 2013: ISO/IEC 27001:2013. Genf, S. 5
[336] ebenda, S. 5
[337] ebenda, S. 5
[338] ISO/IEC, 2013: JTC 1/SC 27/SD3 – Mapping Old-New Editions of ISO/IEC 27001 and ISO/IEC 27002. http://www.jtc1sc27.din.de/sixcms_upload/media/3031/ISO-IECJTC1-SC27_N13143_SD3_FINAL_TEXT_REV_2_Oct2013.pdf. Berlin, S. 6-8. Zugegriffen am: 18.10.2014

Insbesondere die Messung von Informationssicherheitszielen (Abschnitt 6.2 b)) ist neu in der Norm ISO/IEC 27001:2013. Dabei ist die Umsetzung dieser Anforderung nicht näher spezifiziert. In Abschnitt 0.1 der Einleitung dieser Norm wird in diesem Zusammenhang lediglich auf die Norm ISO/IEC 27004 verwiesen.[339]
In Abschnitt 6.1.2 e) 2) der neuen Norm wird gefordert, dass die analysierten Risiken für die Risikobehandlung priorisiert werden.[340] In der gemäß dem Dokument SD3 korrespondierenden Anforderung der alten Norm in Abschnitt 4.2.1 e) 4) wird nur gefordert festzustellen, ob die Risiken akzeptiert werden können oder einer Risikobehandlung bedürfen.[341] Eine Priorisierung für die Durchführung der Risikobehandlung ist hingegen nicht gefordert. Demzufolge bin ich der Ansicht, dass es sich hierbei um eine neue Anforderung handelt.

Die ISO/IEC 27001:2013 fordert in Abschnitt 6.1.3 a) nur, dass eine angemessene Behandlung der Informationssicherheitsrisiken erfolgt.[342] Sie stellt jedoch nicht, wie die alte Norm in Abschnitt 4.2.1 f) 1) bis 4), Alternativen für die Behandlung der Risiken zur Auswahl.[343]

Unter die in Abschnitt 6.2 c) genannten anwendbaren Informationssicherheits-Anforderungen könnten beispielsweise gesetzliche oder regulatorische Anforderungen fallen, denen eine Organisation unterliegt. Dass bei der Festlegung von Informationssicherheitszielen die Ergebnisse der Risikobewertung und der Risikobehandlung zu berücksichtigen sind, war auch Bestandteil der alten ISO/IEC 27001 (Abschnitt 4.2.1 g)[344]).
Bei der Umsetzungsplanung der Informationssicherheitsziele muss gemäß der neuen Norm definiert werden, was getan werden soll (Abschnitt 6.2 f)), welche Ressourcen hierzu benötigt werden (Abschnitt 6.2 g)) und wer dafür verantwortlich zeichnet (Abschnitt 6.2 h)).[345] Im Gegensatz dazu fordert die alte Norm selbiges nur für den Risikobehandlungsplan in Abschnitt 4.2.2 a).[346] Gemäß der in Abschnitt 6.2 i) formulierten Anforderung in der neuen Norm, muss der Umsetzungstermin für die Informationssicherheitsziele bzw. deren korrespondierende Maßnahmen spezifiziert sein.[347] In der alten Norm muss hingegen nur eine Priorisierung der im Risikobehandlungsplan enthaltenen Aspekte vorgenommen werden (Abschnitt 4.2.2 a)).[348]

---

[339] ISO/IEC, 2013: ISO/IEC 27001:2013. Genf, S. v
[340] ebenda, S. 4
[341] ISO/IEC, 2005: ISO/IEC 27001:2005. Genf, S. 5
[342] ISO/IEC, 2013: ISO/IEC 27001:2013. Genf, S. 4
[343] ISO/IEC, 2005: ISO/IEC 27001:2005. Genf, S. 5
[344] ebenda, S. 5
[345] ISO/IEC, 2013: ISO/IEC 27001:2013. Genf, S. 5
[346] ISO/IEC, 2005: ISO/IEC 27001:2005. Genf, S. 6
[347] ISO/IEC, 2013: ISO/IEC 27001:2013. Genf, S. 5
[348] ISO/IEC, 2005: ISO/IEC 27001:2005. Genf, S. 6

6.6 Änderungen in Kapitel 7

Dieser Abschnitt geht auf die Änderungen an der ISO/IEC 27001 ein, welche den Themenkomplex „Unterstützung des ISMS" betreffen.

Die Inhalte der Norm hinsichtlich „Competence" (dt. „Kompetenzen") in Abschnitt 7.2 und „Awareness" (dt. „Bewusstsein") in Abschnitt 7.3 wurden signifikant erweitert.[349] So müssen nun nicht mehr nur die Personen, die am Aufbau und Betrieb des ISMS beteiligt sind (Abschnitt 5.2.2, alte Norm), angemessen qualifiziert und über Informationssicherheit aufgeklärt sein, sondern zukünftig alle Personen im Geltungsbereich des ISMS (Abschnitt 7.2, neue Norm). Brewer macht darauf aufmerksam, dass es sich bei den Anforderungen bezüglich dieser Personen um alternative Anforderungen handelt.[350] Das heißt, dass Personen ihre Kompetenz aufgrund von Ausbildung und/oder Schulung und/oder Erfahrung erlangt haben dürfen.[351]

Zusätzlich wurden unter „Communication" (dt. „Kommunikation") in Abschnitt 7.4 der neuen Norm die bisher verteilten Informationspflichten, z. B. in den Abschnitten 4.2.4 c) und 5.1. d) der alten Norm, zusammengefasst. Die Organisation wird in der ISO/IEC 27001:2013 explizit dazu verpflichtet, im Kontext des ISMS zu prüfen und zu definieren,

- ob,
- wann,
- was,
- durch wen,
- an wen,
- auf welchem Wege,
- nach intern oder extern

kommuniziert wird.[352]

Das Dokument SD3 listet für die Abschnitte des Kapitels 7 folgende neue Anforderungen für die ISO/IEC 27001:2013 im Vergleich zur alten Norm auf[353]:

- 7.3 a) Beschäftigten muss die Informationssicherheits-Politik bekannt sein
- 7.4 b) Festlegungen, wann kommuniziert werden muss
- 7.4 d) Festlegungen, wer kommunizieren muss

---

[349] ISO/IEC, 2013: ISO/IEC 27001:2013. Genf, S. 5-6
[350] Brewer, D., 2014: Understanding the New ISO Management System Requirements. London, S. 53
[351] ebenda, S. 53
[352] ISO/IEC, 2013: ISO/IEC 27001:2013. Genf, S. 6
[353] ISO/IEC, 2013: JTC 1/SC 27/SD3 – Mapping Old-New Editions of ISO/IEC 27001 and ISO/IEC 27002. http://www.jtc1sc27.din.de/sixcms_upload/media/3031/ISO-IECJTC1-SC27_N13143_SD3_FINAL_TEXT_REV_2_Oct2013.pdf. Berlin, S. 8-9. Zugegriffen am: 18.10.2014

- 7.4 e) Definition der Kommunikationsprozesse
- 7.5.1 b) Vorhalten von dokumentierten Informationen, welche die Organisation für die Aufrechterhaltung der Effektivität des ISMS für notwendig erachtet.
- 7.5.2 b) Bei der Erstellung und Aktualisierung von dokumentierten Informationen ist ein angemessenes Format (z. B. Sprache, Softwareversion) und Medium (z. B. Papier, elektronisch) sicherzustellen.

Die ISO/IEC 27001:2013 fordert explizit, dass jeder Beschäftigte die Informationssicherheitspolitik kennen muss (Abschnitt 7.3 a)).[354] Dies wurde in der alten Norm an keiner Stelle gefordert. Dort wird lediglich die Erstellung (Abschnitt 4.2.1 b))[355] und Etablierung (Abschnitt 5.1 a))[356] einer solchen Politik gefordert.

Die Anforderung in Abschnitt 7.4 b) der neuen Norm ist nach Brewer insbesondere dann wichtig, wenn der normale Betrieb gestört ist.[357] Dieser Zustand kann zum Beispiel durch eine Störung im IT-Betrieb aufgrund eines Hackerangriffs eintreten. Dann sollte geregelt sein, wann kommuniziert werden muss. So kann eine schnelle interne Information über Verhaltensweisen genauso angebracht sein, wie eine verzögerte Kommunikation dieses Vorfalls nach extern, weil noch nicht über alle Fakten Klarheit herrscht.[358] Eine solche Vorgabe existierte in der ISO/IEC 27001:2005 nicht.

Außerdem fordert die ISO/IEC 27001:2013 in Abschnitt 7.4 d), dass festgelegt wird, wer kommunizieren muss.[359] Dabei sollte auch sichergestellt sein, dass diese Personen autorisiert sind sowie die notwendige Kompetenz und das Wissen besitzen, damit Fehlkommunikation und Konfusion vermieden werden können.[360]

Des Weiteren müssen die Kommunikationsprozesse geregelt sein (Abschnitt 7.4 e), neue Norm). Nach Brewer beschreibt ein Kommunikationsprozess, wie eine Nachricht an den beabsichtigten Empfängern übermittelt wird.[361] Dabei führt er aus, dass die Nachricht klar und eindeutig sein muss sowie das zu verwendende Medium von der Nachricht und den Empfängern abhängt.[362] Da die Norm keine weiteren Ausführungen macht, haben Anwender der Norm viel Gestaltungsspielraum bei der Festlegung dieses Prozesses. Humphreys führt aus, dass die betroffenen Personen wissen

---

[354] ISO/IEC, 2013: ISO/IEC 27001:2013. Genf, S. 5
[355] ISO/IEC, 2005: ISO/IEC 27001:2005. Genf, S. 4
[356] ebenda, S. 9
[357] Brewer, D., 2014: Understanding the New ISO Management System Requirements. London, S. 58
[358] ebenda, S. 58
[359] ISO/IEC, 2013: ISO/IEC 27001:2013. Genf, S. 6
[360] Brewer, D., 2014: Understanding the New ISO Management System Requirements. London, S. 59
[361] ebenda, S. 59
[362] ebenda, S. 59

müssen, mit wem und wie sie die Informationen kommunizieren.[363] Außerdem verweist er auf die ISO 31000 und die ISO/IEC 27002:2013, welche weitere Empfehlungen und Beispiele enthalten.[364] In diesem Zusammenhang möchte ich darauf hinweisen, dass die Norm fordert, dass sowohl die interne als auch die externe Kommunikation zu regeln ist (Abschnitt 7.4, neue Norm). Brewer führt hierzu aus, dass aus Sicht des ISMS die Kommunikation innerhalb eines Konzerns extern sein kann, falls der Geltungsbereich des ISMS nur einen Teil des Konzerns umfasst und der Kommunikationspartner außerhalb dieses Geltungsbereichs liegt.[365]

Im Abschnitt 7.5 der ISO/IEC 27001:2013 werden Anforderungen hinsichtlich der zu dokumentierenden Informationen beschrieben.[366] Eine neue Forderung dabei ist das Vorhalten von dokumentierten Informationen, welche die Organisation für die Aufrechterhaltung der Effektivität des ISMS für notwendig erachtet (Abschnitt 7.5.1 b)).[367] Demnach kann eine Organisation den für sie passenden Umfang dieser Dokumentation frei festlegen. Dabei sollte die Anforderung in Abschnitt 7.5.1 a) jedoch nicht übersehen werden, die auf die in der Norm selbst genannten und einzuhaltenden Dokumentationsanforderungen hinweist (z. B. Abschnitt 6.2, neue Norm).[368]

Wie oben aufgelistet, fordert die neue Norm in Abschnitt 7.5.2 b) bei der Erstellung und Aktualisierung von dokumentierten Informationen ein angemessenes Format (z. B. Sprache, Softwareversion) und Medium (z. B. Papier, elektronisch) zu gewährleisten.[369] Eine solche Anforderung existiert in der alten Norm nicht. Zudem führt Humphreys aus, dass die Anforderungen an die Kontrolle der dokumentierten Informationen mit denen der ISO 9001 und ISO/IEC 20000-1 harmonisiert wurden.[370] Daraus soll eine Reihe von Vorteilen resultieren, z. B. die vereinfachte Durchführung von kombinierten Audits sowie Einsparungen beim Managen und Pflegen der (System-)Dokumentationen und Aufzeichnungen.[371]

---

[363] Humphreys, E., 2002: Guidelines on Requirements and Preparation for ISMS Certification based on ISO/IEC 27001. London, S. 35
[364] Humphreys, E., 2002: Guidelines on Requirements and Preparation for ISMS Certification based on ISO/IEC 27001. London, S. 35
[365] Brewer, D., 2014: Understanding the New ISO Management System Requirements. London, S. 59
[366] ISO/IEC, 2013: ISO/IEC 27001:2013. Genf, S. 6
[367] ebenda, S. 6
[368] ebenda, S. 6
[369] ebenda, S. 6
[370] Humphreys, E., 2002: Guidelines on Requirements and Preparation for ISMS Certification based on ISO/IEC 27001. London, S. 38
[371] ebenda, S. 38

6.7 Änderungen in Kapitel 8

Im Kapitel 8 „Operation" (dt. „Betrieb") der ISO/IEC 27001:2013 werden die Anforderung zum Betrieb eines ISMS definiert.

Das Dokument SD3 listet für die Abschnitte des Kapitels 8 folgende neue Anforderungen für die ISO/IEC 27001:2013 im Vergleich zur alten Norm auf[372]:

- 8.1 (erster Absatz, erster Satz) Planen, implementieren und kontrollieren der notwendigen Prozesse, um die Informationssicherheits-Anforderungen und die Aktivitäten des Risikomanagementprozesses zu implementieren.
- 8.1 (dritter Absatz) Überwachen geplanter Änderungen und überprüfen der Konsequenzen unbeabsichtigter Änderungen.

Um die Informationssicherheits-Anforderungen und die Aktivitäten des Risikomanagementprozesses zu implementieren, müssen gemäß Abschnitt 8.1 (erster Absatz, erster Satz) in der ISO/IEC 27001:2013 die notwendigen Prozesse geplant, implementiert und kontrolliert werden. Auch wenn dies verwundern mag, ist diese Anforderung in der alten Norm nicht zu finden.

Die Anforderung der ISO/IEC 27001:2013 in Abschnitt 8.1, dritter Absatz, dass geplante Änderungen zu kontrollieren und die Konsequenzen unbeabsichtigter Änderungen zu überprüfen sind[373], sind in der alten Norm ebenfalls nicht zu finden.

Entgegen den Ausführungen im Dokument SD3, bin ich der Meinung, dass dem letzten Absatz in Abschnitt 8.1 der neuen Norm keine gleiche oder zumindest ähnliche Anforderung hinsichtlich Outsourcing in der alten Norm entspricht. Das Dokument SD3 nennt für den letzten Absatz in Abschnitt 8.1 der neuen Norm die drei Abschnitte 4.2.2 h) „Implement and operate the ISMS" (dt. „Implementieren und betreiben des ISMS") sowie 8.3 b) und c) „Preventive action" (dt. „Präventivmaßnahmen") der alten Norm als korrespondierend. In diesen letztgenannten Abschnitten der alten Norm werden Outsourcing-Aspekte nicht behandelt. In der gesamten ISO/IEC 27001:2005 findet sich nirgends das Wort „Outsourcing". Ausgelagerte Prozesse werden von der alten Norm nicht explizit aufgegriffen und behandelt. Insbesondere nicht in dem Abschnitt 4.2.2, der ähnliche Inhalte, wie Abschnitt 8.1 der neuen Norm, aufführt. Folglich bin ich der Meinung, dass es sich bei diesem letzten Absatz des Abschnitts 8.1 um eine neue Anforderung der ISO/IEC 27001:2013 handelt.

---

[372] ISO/IEC, 2013: JTC 1/SC 27/SD3 – Mapping Old-New Editions of ISO/IEC 27001 and ISO/IEC 27002. http://www.jtc1sc27.din.de/sixcms_upload/media/3031/ISO-IECJTC1-SC27_N13143_SD3_FINAL_TEXT_REV_2_Oct2013.pdf. Berlin, S. 9-10. Zugegriffen am: 18.10.2014
[373] ISO/IEC, 2013: ISO/IEC 27001:2013. Genf, S. 7

6.8 Änderungen in Kapitel 9

Im neunten Kapitel der Norm „Performance evaluation" (dt. „Leistungsbewertung") werden insbesondere Anforderungen für das Monitoring (dt. „Überwachung"), interne Audits und Management-Überprüfungen aufgestellt.[374]

Unter Überwachung versteht Brewer die Feststellung des Status eines Systems, Prozesses oder einer Aktivität zu einem bestimmten Zeitpunkt.[375] Messung hingegen bezeichnet die Ermittlung eines Wertes.[376] Notwendig ist die Überwachung und Messung insbesondere als Eingabe für das Management-Review und den kontinuierlichen Verbesserungsprozess.[377] In diesem Zusammenhang verweist Humphreys auf andere Normen und Dokumente, die Hilfestellung zur Überwachung und Messung von Informationssicherheit bieten: ISO/IEC 27004 und BIP 0074.[378]

Der erste Satz in Abschnitt 9.1[379] ist discipline-specific text und entstammt damit nicht aus dem ISO/IEC Direktiven, Teil 1, Appendix 2 bzw. ist kein core-text.[380] Er schränkt insofern die nachfolgenden Anforderungen dahingehend ein, dass sie sich auf die Erfüllung der Forderung dieses ersten Satzes beschränken. In diesem ersten Satz wird gefordert, dass die Leistungsfähigkeit hinsichtlich Informationssicherheit und die Effektivität des ISMS bewertet werden muss. Es muss also beispielsweise nicht generell festgelegt werden, was überwacht und gemessen werden muss (Abschnitt 9.1 a))[381], sondern nur, soweit dies für die Bewertung der Leistungsfähigkeit hinsichtlich Informationssicherheit und die Effektivität des ISMS notwendig ist (Abschnitt 9.1, erster Satz).

Das Dokument SD3 listet für die Abschnitte des Kapitels 9 folgende neue Anforderungen für die ISO/IEC 27001:2013 im Vergleich zur alten Norm auf[382]:

- 9.1 c) Wann Überwachungen und Messungen durchgeführt werden müssen
- 9.1 d) Wer die Überwachung und Messung vornehmen muss
- 9.1 f) Wer die Ergebnisse analysieren und bewerten muss
- 9.3 c) 4) Im Rahmen der Management-Reviews müssen Aussagen gemacht werden, inwieweit die Informationssicherheitsziele erfüllt sind. Diese Aussagen

---

[374] ISO/IEC, 2013: ISO/IEC 27001:2013. Genf, S. 7-9

[375] Brewer, D., 2014: Understanding the New ISO Management System Requirements. London, S. 39

[376] ebenda, S. 39

[377] Humphreys, E., 2002: Guidelines on Requirements and Preparation for ISMS Certification based on ISO/IEC 27001. London, S. 42

[378] ebenda, S. 42

[379] ISO/IEC, 2013: ISO/IEC 27001:2013. Genf, S. 7

[380] ISO/IEC, 2014: ISO/IEC Direktiven, Teil 1. Genf, S. 134

[381] ISO/IEC, 2013: ISO/IEC 27001:2013. Genf, S. 7

[382] ISO/IEC, 2013: JTC 1/SC 27/SD3 – Mapping Old-New Editions of ISO/IEC 27001 and ISO/IEC 27002. http://www.jtc1sc27.din.de/sixcms_upload/media/3031/ISO-IECJTC1-SC27_N13143_SD3_FINAL_TEXT_REV 2_Oct2013.pdf. Berlin, S. 10-11. Zugegriffen am: 18.10.2014

müssen auf den Rückmeldungen zur Leistungsfähigkeit der Informations-sicherheit beruhen.

Die ISO/IEC 27001:2013 definiert in den Abschnitten 9.1 c), 9.1 d) und 9.1 f) die Anforderungen hinsichtlich der Überwachung und der Messung im Vergleich zur alten Norm genauer.[383] So ist nun festzulegen, wann und durch wen diese Aktivitäten durchzuführen sind sowie wer die Ergebnisse analysieren und bewerten muss. Eine derartige Anforderung ist in der alten Norm nicht existent.

Die Anforderungen an das Managementreview werden in Abschnitt 9.3 der ISO/IEC 27001:2013 festgelegt.[384] In diesem Abschnitt ist eine neue Anforderung im Vergleich zur alten Norm hinzugekommen. Darin wird gefordert, dass im Rahmen des Managementreviews Rückmeldungen zur Informationssicherheit berücksichtigt werden müssen, die sich auf die Erfüllung von Informationssicherheitszielen beziehen (Abschnitt 9.3 c) 4)).

Außerdem möchte ich darauf hinweisen, dass das Intervall der mindestens einmal jährlich durchzuführenden Leistungsbewertung aus der ISO/IEC 27001:2005 (Abschnitt 7.1)[385] nicht in die neue Norm übernommen wurde und folglich als Anforderung weggefallen ist. In der ISO/IEC 27001:2013 findet sich im entsprechenden Abschnitt 9.3 nur noch die Anforderung, dass ein Managementreview in geplanten Intervallen vorgenommen werden muss.[386]

6.9 Änderungen in Kapitel 10

In der neuen ISO/IEC 27001-Norm wurden auch bisher elementare Prozesse verändert. Prominentestes Beispiel ist sicherlich der sogenannte PDCA-Zyklus. Dieser wird in der ISO/IEC 27000:2014 als auch der ISO/IEC 27001:2013 nicht mehr genannt.[387] Dies liegt nach Brewer daran, dass es sich bei dem PDCA-Zyklus streng genommen nicht um eine Anforderung, sondern um eine Methode zur Erfüllung einer Anforderung handelt.[388] Die zugrunde liegende Anforderung ist die in Abschnitt 10.2 in Appendix 2 der ISO/IEC Direktiven genannte Forderung, wonach eine Organisation die Passgenauigkeit, die Angemessenheit und die Effektivität eines Managementsystems kontinuierlich verbessern muss.[389] Die Norm ISO/IEC 27001:2013 lässt es nunmehr zu,

---

[383] ISO/IEC, 2013: ISO/IEC 27001:2013. Genf, S. 8
[384] ebenda, S. 8-9
[385] ISO/IEC, 2005: ISO/IEC 27001:2005. Genf, S. 10
[386] ISO/IEC, 2013: ISO/IEC 27001:2013. Genf, S. 8
[387] Brewer, D., 2014: Understanding the New ISO Management System Requirements. London, S. 23
[388] ebenda, S. 24
[389] ebenda, S. 24

dass Organisationen selbst entscheiden, welche Methode eines kontinuierlichen Verbesserungssystems (z. B. 6-Sigma, PDCA) es implementiert, ohne dies vorzugeben.[390] Allen, mit den neuen ISO/IEC Direktiven konformen Managementsystemen (z. B. ISO/IEC 27001:2013), liegt nun der in Abbildung 1 „Der Kontinuierliche Verbesserungsprozess (KVP)" auf Seite 26 dieser Masterarbeit dargestellte Prozess zugrunde.

Brewer nennt darüber hinaus im Wesentlichen drei Gründe, warum die ISO/IEC 27001 hinsichtlich des PDCA-Zyklus verändert wurde[391]:

1. Der PCDA-Zyklus kann und wurde auf viele Prozesse angewandt, was zu unnötig komplizierten unterstützenden Normen (z. B. ISO/IEC 27004:2009[392]) führte.

2. Die Prozessphase „Planen" folgt nicht immer der Phase „Handeln". Folglich wird der Verbesserungsprozess eher durch Abbildung 1 „Der Kontinuierliche Verbesserungsprozess (KVP)" auf Seite 26 dieser Masterarbeit als durch den PDCA-Zyklus abgebildet.

3. Durch den PDCA-Zyklus wird impliziert, dass die erste Phase bei der Erstellung eines Managementsystems „Planen" ist. Dies ist insbesondere bei bereits bestehenden Organisationen nicht zutreffend. In einem solchen Szenario wird typischerweise mit der Phase „Überprüfen" begonnen.

Nach Brewer sind es vier Gründe, wovon ich den letzten als nicht wesentlich betrachte und deshalb in dieser Aufzählung weggelassen habe.
Nichtsdestotrotz stellt Brewer einen Zusammenhang der Inhalte und Gliederung der neuen ISO/IEC 27001 und dem ehemaligen PDCA-Zyklus her. Die Kapitel 4 bis 7 spezifizieren demnach die Anforderung für den Aufbau eines ISMS, während die Kapitel 8 bis 10 jeweils die Anforderungen für die Einführung, den Betrieb und die kontinuierlichen Verbesserungen festlegt.[393] Setzt man diese vier Anforderungsbereiche, Aufbau, Einführung, Betrieb und Verbesserung, dadurch zu einem Prozesszyklus zusammen, dass man der Verbesserung wieder den Aufbau folgen lässt[394], kann die Idee des PDCA-Zyklus in der ISO/IEC 27001:2013 erkannt bzw. hineininterpretiert werden.
Zusammenfassend lässt sich sagen, dass die ISO/IEC 27001:2013 die bisherigen Anforderungen dahingehend verändert, dass die Vorgabe einen PDCA-Zyklus zur kontinuierlichen Verbesserung zu implementieren weggefallen ist. Die ehemalige Anforderung stellt mit der neuen Norm eine mögliche Variante eines kontinuierlichen Verbesserungsprozesses dar. Organisationen, welche die Vorgaben der

---

[390] Brewer, D., 2014: Understanding the New ISO Management System Requirements. London, S. 24
[391] ebenda, S. 24-25
[392] ISO/IEC 27004: Informationssicherheitsmanagement-Messgrößen
[393] Brewer, D., 2013: An Introduction to ISO/IEC 27001:2013, London, S. 19
[394] ebenda, S. 20

ISO/IEC 27001:2005 erfüllen, müssen deshalb zur Erfüllung der neuen Anforderung keine Änderungen an ihrem ISMS vornehmen.

Das Dokument SD3 listet für die Abschnitte des Kapitels 10 folgende neue Anforderungen für die ISO/IEC 27001:2013 im Vergleich zur alten Norm auf[395]:

- 10.1 e) Falls eine Abweichung auftritt, muss das ISMS angepasst werden, sofern dies notwendig ist.
- 10.1 (letzter Absatz) Die Korrekturmaßnahmen müssen zu den aufgetretenen Auswirkungen der Abweichung passen.

Die explizite Anforderung, dass nach dem Auftreten einer Abweichung das ISMS anzupassen ist, falls das notwendig ist, ist in der ISO/IEC 27001:2005 nicht zu finden. Auch die Anforderung, dass die Korrekturmaßnahmen zu den aufgetretenen Auswirkungen der Abweichung passend sein müssen, kann man in der alten Norm nicht antreffen.

Entgegen der Auflistung im SD3-Dokument, bin ich der Meinung, dass es sich bei der Anforderung in Abschnitt 10.1 b) um eine Neuerung handelt. Darin fordert die ISO/IEC 27001:2013 unter anderem, dass nach dem Auftreten einer Abweichung die notwendigen Aktivitäten zur Beseitigung der Ursache evaluiert werden müssen.[396] Damit soll verhindert werden, dass die Abweichung an anderer Stelle auftritt.[397] Diese Anforderung lässt sich genau so nicht in der alten Norm wiederfinden. In diesem Zusammenhang liegt auch bezüglich der Anforderung in Abschnitt 10.1 b) 3) meiner Meinung nach ein signifikanter Unterschied vor. Die neue Norm fordert hier zwingend, dass festgestellt wird, ob ähnliche bzw. gleiche Abweichungen existieren oder potenziell auftreten können.[398] Eine derartige Anforderung ist in der alten Norm nicht enthalten.

Bei den Dokumentationsanforderungen im Abschnitt 10.1 f) existiert darüber hinaus eine Veränderung der ISO/IEC 27001:2013. Dort wird gefordert, dass dokumentierte Informationen als Nachweis vorgehalten werden, welche Art von Abweichungen aufgetreten sind.[399] In der alten Norm müssen lediglich die Ergebnisse der vorgenommenen Aktivitäten aufgezeichnet werden, nicht jedoch die Abweichungen (Abschnitt 8.2 e)).[400]

---

[395] ISO/IEC, 2013: JTC 1/SC 27/SD3 – Mapping Old-New Editions of ISO/IEC 27001 and ISO/IEC 27002. http://www.jtc1sc27.din.de/sixcms_upload/media/3031/ISO-IECJTC1-SC27_N13143_SD3_FINAL_TEXT_REV_2_Oct2013.pdf. Berlin, S. 12. Zugegriffen am: 18.10.2014
[396] ISO/IEC, 2013: ISO/IEC 27001:2013. Genf, S. 9
[397] ebenda, S. 9
[398] ebenda, S. 9
[399] ebenda, S. 9
[400] ISO/IEC, 2005: ISO/IEC 27001:2005. Genf, S. 11

6.10 Änderungen an den Dokumentationsanforderungen

Die in der ISO/IEC 27001 bisher geforderten documentation and records (dt. „Dokumentationen und Aufzeichnungen") sind in der neuen Norm einem neuen Begriff gewichen: documented information (dt. „dokumentierte Informationen"). Nach Brewer sind darunter zwei verschieden Typen von documented information zu verstehen[401]:

1. Spezifikationen, die dokumentieren, was eine Organisation (zukünftig) beabsichtigt zu tun

2. Aufzeichnungen von Leistungsdaten, die dokumentieren, was in der Vergangenheit geschah

In diesem Zusammenhang können auch Dokumentationen existieren, welche beide Typen in sich vereinen (z. B. Webseiten).[402]

Diese Neuerung stellt Klarheit her bezüglich einer mir gegenüber häufig gestellten Frage: Müssen die in der Norm geforderten Dokumente als einzelne Dokumente mit dem geforderten Titel existieren? Dies wird durch die ISO/IEC 27001:2013 eindeutig beantwortet: Nein. Beispielsweise wird in Abschnitt 5.2 der neuen Norm gefordert, dass durch die Leitungsebene einer Organisation eine „information security policy" (dt. „Informationssicherheitspolitik") etabliert werden muss. Dabei wird nur gefordert, dass die in Abschnitt 5.2 a) bis d) genannten Inhalte dokumentiert werden (Abschnitt 5.2 e)), nicht aber, dass ein Dokument mit diesem Titel existiert.[403] Folglich ist es einer Organisation freigestellt, wo diese Informationen dokumentiert werden (z. B. auf den Intranetseiten unter dem Titel: IMS-Politik).[404] Es zählt folglich nur der Inhalt, nicht der Dokumententitel. Die Ausnahme bildet das „Statement of Applicability" (kurz: SOA, dt. „Erklärung zur Anwendbarkeit" [von Maßnahmen]).

An der Beschreibung des bekannten Lebenszyklusmodells von Dokumenten ändert sich inhaltlich wenig. Die bemerkenswertesten Änderungen für den Bereich des Dokumentationsmanagements sind, dass es keine Liste explizit geforderter Dokumente mehr gibt, wie noch in Abschnitt 4.3.3 der alten ISO/IEC 27001.

Die nachfolgende Tabelle stellt die Anforderungen an die Dokumentationen der beiden Versionen der ISO/IEC 27001 übersichtlich dar. Die angegebenen Abschnitte beziehen sich auf die jeweilige Version der Norm. Bei der Erstellung der Tabelle wurde versucht, die Anforderungen möglichst exakt wiederzugeben, dabei aber weitgehend inhaltliche Übereinstimmungen zu berücksichtigen. Sie entstand durch die Untersuchung der

---

[401] Brewer, D., 2013: An Introduction to ISO/IEC 27001:2013, London, S. 4
[402] ebenda, S. 4
[403] Brewer, D., 2013: An Introduction to ISO/IEC 27001:2013, London, S. 4
[404] ebenda, S. 4

jeweiligen Version der ISO/IEC 27001 auf Anforderungen hinsichtlich der Dokumentation.

ISO/IEC 27001:2005	ISO/IEC 27001:2013
Geltungsbereich des ISMS (4.3.1 b))	Geltungsbereich des ISMS (4.3)
Informationssicherheitsrichtlinie (4.3.1 a))	Informationssicherheitsrichtlinie (5.2)
Beschreibung der Methode zur Risiko_bewertung (4.3.1. d))	Beschreibung des Prozesses zur Risikobewertung (6.1.2)
-	Beschreibung des Prozesses zur Risikobehandlung (6.1.3)
ISMS-Ziele (4.3.1 a))	Informationssicherheitsziele (6.2)
Aufzeichnungen über Ausbildung, Schulung, Fähigkeiten, Erfahrungen und Qualifikationen (5.2.2 d))	Kompetenznachweise (7.2 d))
Dokumentation zu Verfahren und Maßnahmen zur Unterstützung des ISMS (4.3.1 c))	Dokumentationen für ein effektives ISMS (von der Organisation selbst festgelegt) (7.5.1 b))
Aufzeichnungen des ISMS-Prozesses (4.3.3)	Dokumentationen der IS-Prozesse (8.1)
-	Berichte von IS-Prozessüberprüfungen (8.1)
Bericht der Risikobewertung (4.3.1 e))	Ergebnisse der Bewertung von IS-Risiken (8.2)
Risikobehandlungsplan (4.3.1 f))	IS-Risikobehandlungsplan (8.3)
Erklärung zur Anwendbarkeit (Statement of Applicability) (4.3.1 i))	Erklärung zur Anwendbarkeit (Statement of Applicability) (6.1.3 d))
-	Ergebnisse der Leistungsbewertung (Monitoring, Messung) des ISMS (9.1)
-	Auditpläne (9.2 g))
-	Auditergebnisse (9.2 g))
Ergebnisse der Management-Reviews (4.3.1)	Ergebnisse der Management-Reviews (9.3)
-	Abweichungen und diesbezüglich durchgeführte Aktivitäten (10.1 f))
Ergebnisse von Korrekturmaßnahmen (8.2 e))	Ergebnisse von Korrekturmaßnahmen (10.1 g))
Aufzeichnungen als Nachweis der Einhaltung von Anforderungen und des effektiven Betriebs des ISMS (4.3.1 i) i.V.m. 4.3.3	-

ISO/IEC 27001:2005	ISO/IEC 27001:2013
Dokumentation der Maßnahmen zur Dokumentensteuerung (4.3.3)	-
Aufzeichnungen aller wichtigen Sicherheits-vorfälle bzgl. des ISMS (4.3.3)	-
Aufzeichnungen über Ereignisse und Aktionen, welche Auswirkungen auf die Effektivität oder Leistungsfähigkeit des ISMS haben können (4.2.3 h))	-
Dokumentation des Auditprozesses (6)	-
Ergebnisse von Präventivmaßnahmen (8.3 d))	-
Dokumentation von Managemententscheidungen (4.3.1)	-

Tabelle 5: Übersicht über die geänderten Dokumentationsvorgaben zwischen der ISO/IEC 27001:2005 und der ISO/IEC 27001:2013

Quelle: Eigene Darstellung

6.11 In der Version ISO/IEC 27001:2013 nicht mehr enthaltene Anforderungen

In diesem Abschnitt werden die in der ISO/IEC 27001:2013 im Vergleich zur alten Norm nicht mehr enthaltenen Anforderungen aufgezeigt.

Zunächst fällt auf, dass die umfangreichen Begriffsdefinitionen in Kapitel 3 der alten Norm[405] einer Referenz auf die ISO/IEC 27000 in der ISO/IEC 27001:2013[406] gewichen sind. Die neue Norm enthält damit keine Definitionen von Fachbegriffen mehr, sondern verwendet ausschließlich diejenigen der ISO/IEC 27000.

Das Dokument SD3 nennt folgende weggefallene Anforderungen für die ISO/IEC 27001:2013 im Vergleich zur alten Norm[407]:

- 4.2.1 Aufbau eines ISMS
- 4.2.1 i) Erhalt der Autorisierung vom Management zur Implementierung und zum Betrieb des ISMS

---

[405] ISO/IEC, 2005: ISO/IEC 27001:2005. Genf, S. 2-3
[406] ISO/IEC, 2013: ISO/IEC 27001:2013. Genf, S. 1
[407] ISO/IEC, 2013: JTC 1/SC 27/SD3 – Mapping Old-New Editions of ISO/IEC 27001 and ISO/IEC 27002. http://www.jtc1sc27.din.de/sixcms_upload/media/3031/ISO-IECJTC1-SC27_N13143_SD3_FINAL_TEXT_REV 2_Oct2013.pdf. Berlin, S. 12-13. Zugegriffen am: 18.10.2014

- 4.2.3 a) 1) Umgehendes Erkennen von Fehlern
- 4.2.3 a) 2) Umgehendes Identifizieren von versuchten und erfolgreichen Sicherheitslücken und Vorfällen
- 4.2.3 a) 4) Sicherheitsereignisse detektieren
- 4.2.3 a) 5) Feststellung, ob die Aktivitäten zur Lösung einer Sicherheitslücke effektiv waren
- 4.2.3 h) Aufzeichnen von Aktivitäten und Ereignissen
- 4.3.1 Allgemeine Dokumentationsanforderungen
- 4.3.1 c) Verfahren und Maßnahmen zur Unterstützung des ISMS
- 4.3.2 Dokumentenlenkung
- 4.3.3 Lenkung von Aufzeichnungen
- 5.2.1 b) Sicherstellen, dass die Informationssicherheitsverfahren die Geschäftsanforderungen unterstützen
- 5.2.1 d) Aufrechterhaltung eines angemessenen Sicherheitsniveaus
- 8.3 d) Aufzeichnungen zu den Ergebnissen durchgeführter Aktivitäten
- 8.3 Präventivmaßnahmen

Die aus meiner Sicht wesentlichsten Veränderungen in dieser Auflistung sind der Wegfall der Lenkung von Dokumenten und Aufzeichnungen sowie der Präventivmaßnahmen. In der ISO/IEC 27001:2013 existieren keine Anforderungen mehr zu Präventivmaßnahmen, wie noch in der alten Norm in Abschnitt 8.3. Der Grund hierfür ist, wie in Abschnitt 5.1 „Gründe für die Aktualisierung" auf Seite 37 dieser Masterarbeit erläutert, dass die Präventivmaßnahmen im Rahmen der Risikoanalyse bereits behandelt werden und der Abschnitt 8.3 der alten Norm deshalb redundant ist.

Der Wegfall der Anforderungen bezüglich der Lenkung von Dokumenten und Aufzeichnungen lässt sich, wie in Abschnitt 4.1 „Integriertes Managementsystem" auf Seite 27 dieser Masterarbeit erläutert, auf die ISO 9001 zurückführen. Mit dieser Norm existiert eine ISO-Vorgabe, die alle Anforderungen zur Dokumentation enthält. Deshalb macht es keinen Sinn, diese Regelungen (nochmal) in die ISO/IEC 27001 aufzunehmen.

Des Weiteren ist die Forderung zur Umsetzung der Maßnahmen aus dem Anhang A der ISO/IEC 27001 geändert worden. Wie in Abschnitt 6.5 „Änderungen in Kapitel 6" auf Seite 47 dieser Masterarbeit erläutert, müssen die Maßnahmen nicht mehr, wie in der alten ISO/IEC 27001 in Abschnitt 4.2.1 g) gefordert, aus dem Anhang A ausgewählt werden.[408] Vielmehr müssen gemäß des Abschnitts 6.1.3 c) der ISO/IEC 27001:2013 die im Rahmen der Risikobehandlung festgelegten Maßnahmen

---

[408] ISO/IEC, 2005: ISO/IEC 27001:2005. Genf, S. 5

mit denen des Anhang A verglichen werden, damit keine notwendigen Maßnahmen übersehen wurden.[409]

Ersatzlos entfallen sind in der neuen Norm der Anhang B „OECD principles and this International Standard"[410] (dt. „OECD Prinzipien und diese internationale Norm") und der Anhang C „Correspondence between ISO 9001:2000, ISO 14001:2004 and this International Standard"[411] (dt. „Vergleich dieser internationalen Norm mit der ISO 9001:2000 und der ISO 14001:2004") der ISO/IEC 27001:2005. Der Anhang B mit der Zuteilung der OECD-Prinzipien auf die PDCA-Phasen eines ISMS ist in der ISO/IEC 27001:2013 nicht mehr enthalten. Anhang C wurde obsolet, da alle Managementsystemstandards der ISO auf die high level structure aus Annex SL der ISO-Direktiven[412] umgestellt werden und somit kein Mapping einzelner Abschnitte von Normen auf vergleichbare Anforderungen mehr notwendig ist.[413]

6.12 Änderungen am Erscheinungsbild

Schließlich bleibt noch festzustellen, dass sich die neue ISO/IEC 27001 inklusive deren Anhang gegenüber der alten Norm auch in ihrem äußeren Erscheinungsbild, wie in der folgenden Tabelle übersichtlich dargestellt, verändert hat.

Merkmal	ISO/IEC 27001:2005	ISO/IEC 27001:2013
Seitenzahl (gesamt, ohne Leerseiten)	40	28
Seitenzahl (Kapitel 1 bis Anhang)	12	9
Kapitel	1 bis 8	1 bis 10
Anzahl an (Fachbegriffs-) Definitionen	16	0[414]
Merkmal	**Anhang**	**Anhang**
Anhang/Anhänge	A (normativ) B (informativ) C (informativ)	A (normativ)

---

[409] ISO/IEC, 2013: ISO/IEC 27001:2013. Genf, S. 4
[410] ISO/IEC, 2005: ISO/IEC 27001:2005. Genf, S. 30
[411] ebenda, S. 31-33
[412] ISO/IEC, 2014: ISO/IEC 27000:2014. Genf, S. 126
[413] ebenda, S. 121
[414] Die ISO/IEC 27001:2013 referenziert auf die Definitionen in der ISO/IEC 27000.

	A: 17	
Seitenzahlen im Anhang	B: 1 C: 3	A: 13
Hauptüberschriften im Anhang A	11	14
Maßnahmenziele im Anhang A	39	35
Maßnahmen im Anhang A	133	114[415]

Tabelle 6: Veränderungen am Erscheinungsbild zwischen der ISO/IEC 27001:2005 und ISO/IEC 27001:2013

Quelle: Eigene Darstellung

6.13 Wesentliche Änderungen im Anhang A

In diesem Abschnitt sollen die wesentlichen Änderungen im Anhang A der ISO/IEC 27001:2013 gegenüber dem Anhang A der alten Norm aufgezeigt werden.

Grundsätzlich ist beim Vergleich der beiden Anhänge festzustellen, dass eine vollständige Überarbeitung des Anhangs A im Rahmen der Aktualisierung erfolgt ist. In diesem Zusammenhang fällt auf, dass der Anhang A neu strukturiert wurde. So sind beispielsweise die Maßnahmen zur Compliance in der alten Norm in A.15 und in der neuen Norm in A.18 sowie die Maßnahmen für externe Parteien (engl.: „external parties") statt wie bisher in A.6.2 nun in A.15 enthalten.

Des Weiteren wurde der Anhang A umbenannt. Bisher war die Überschrift „Control objectives and controls", die in der neuen Norm der Überschrift „Reference control objectives and controls" weichen musste. Auch daran ist, wie in Abschnitt 6.5 „Änderungen in Kapitel 6" auf Seite 47 und in Abschnitt 6.11 „In der Version ISO/IEC 27001:2013 nicht mehr enthaltene Anforderungen" auf Seite 64 dieser Masterarbeit erläutert, zu erkennen, dass die Umsetzung der Maßnahmen des Anhangs A nicht mehr genau in der Form, wie dort genannt verbindlich ist, sondern sie stattdessen zur Kontrolle dienen. D. h. inhaltlich müssen die Maßnahmen des Anhangs A weiterhin umgesetzt werden.

Auch Begrifflichkeiten haben sich teilweise verändert, um die Aktualität und zugleich die Zukunftsfähigkeit der Norm sicherzustellen. Ein Beispiel: Aus dem Wort

---

[415] Brewer, D., 2013: An Introduction to ISO/IEC 27001:2013, London, S. 8

„Computing" ist nun „Device" geworden, damit auch neuere Geräteklassen (z. B. Tablets, Smartphones) Berücksichtigung finden. Gleichzeitig können zukünftige neue Geräteklassen umgehend berücksichtigt werden, ohne die Begriffe in der Norm anpassen zu müssen.

Darüber hinaus ist festzustellen, dass die Formulierungen im Anhang A der Norm allgemeiner geworden sind und dem Anwender so mehr Interpretationsspielräume für die Umsetzung bieten. Beispielsweise ist aus der Passwortverwendung in der ISO/IEC 27001:2005 (A.11.3.1) in der Norm ISO/IEC 27001:2013 das Passwortmanagementsystem (A.9.4.3) geworden.

Außerdem wurden die Maßnahmen nach meiner Ansicht thematisch besser zusammengefasst, also logischer angeordnet. Ein Beispiel: Der Umgang mit Medien ist in der neuen Norm dem Themenbereich „Asset Management" zugeordnet.

Einige Maßnahmen des bisherigen Anhangs A finden sich entweder in verschiedenen anderen Maßnahmen wieder oder wurden in eine Maßnahme zusammengefasst. So gab es in der alten Norm beispielsweise getrennte Maßnahmen für die Zugriffe auf Betriebssysteme und Applikationen. Diese wurden nun prozessual in der Maßnahme A.9.4 zusammengefasst. Neue beziehungsweise geänderte Forderungen sind beispielhaft in A.6.1.5 (Projektmanagement), A.6.2.1 (Richtlinie zu mobilen Endgeräten), A.15.1.3 (Lieferantenmanagement) und A.17.2.1 (Redundanzschaffung) zu finden.

Die folgende Auflistung zeigt die aus meiner Sicht bedeutendsten Maßnahmen, welche im Anhang A der ISO/IEC 27001:2013 hinzugekommen sind:

- A.6.1.5 Information security in project management (dt. „Sicherheit im Projektmanagement")
- A.6.2.1 Mobile device policy (dt. "Politik für mobile Endgeräte")
- A.12.6.1 Management of technical vulnerabilities (dt. "Management technischer Schwachstellen")
- A.12.6.2 Restrictions on software installation (dt. „Beschränkung von Softwareinstallation")
- A.14.1.2 Securing application services on public networks (dt. „Absichern von Applikationen in öffentlichen Netzwerken")
- A.14.2.1 Secure development policy (dt. „Sichere Entwicklungspolitik")
- A.14.2.5 Secure system engineering principles (dt. „Richtlinien zur Sicherheit von (Eigen-)Entwicklungen")
- A.14.2.6 Secure development environment (dt. „gesicherte Entwicklungsumgebung")

- A.14.2.8 System security testing (dt. „Sicherheitstests von Systemen")
- A.15.1.1 Information security policy for supplier relationships (dt. „Informationssicherheitspolitik für Lieferantenbeziehungen")
- A.15.1.3 Information and communication supply chain (dt. „Informations- und Kommunikationstechnik-Lieferkette")
- A.16.1.4 Assessment and decision on information security events (dt. „Bewertung von und Entscheidungen aufgrund von Sicherheitsvorfällen")
- A.16.1.5 Response to information security incidents (dt. „Reaktion auf Informationssicherheitsvorfälle")
- A.17.2.1 Availability of information processing facilities (dt. „Verfügbarkeit von Informationsverarbeitungssystemen")
- A.18.2.3 Technical compliance review (dt. "Überprüfung der Einhaltung technischer Vorgaben")

In der Domäne A.17 „Information security aspects of business continuity management" (dt. „Informationssicherheitsaspekte bei der operationellen Kontinuität") der ISO/IEC 27001:2013 beziehen sich die Veränderungen auf das „Business Continuity Management" (kurz: BCM, dt. „Management für die Planung, Vorbereitung und operationelle Kontinuität"). Hier zeigt sich eine stärkere Fokussierung auf die Frage, wie die Informationssicherheit in Notfallsituationen gewährleistet wird. Die überarbeiteten Maßnahmen stellen klar, dass es um die Gewährleistung des Sicherheitsbedarfs während der Wiederherstellungsphase eines Business-Continuity-Vorfalls geht. Die ISO/IEC 27001:2005 war an dieser Stelle nicht präzise. Oft wurde deshalb die Erstellung eines vollumfassenden Business-Continuity-Management-Systems (kurz: BCMS; dt. „Managementsystem für die Planung, Vorbereitung und operationelle Kontinuität") angestoßen. Eine solche umfassende Betrachtung zur Aufrechterhaltung des Geschäftsbetriebes wird nun eindeutig nicht (mehr) gefordert. Hierfür existiert nämlich mit der ISO 22301 „Business Continuity Management Systems" (dt. „Managementsysteme für die Planung, Vorbereitung und operationelle Kontinuität") eine dedizierte ISO-Norm.

Hinsichtlich des Projektmanagements enthält die ISO/IEC 27001:2013 in Maßnahme 6.1.5 „Information security in project management" (dt. „Informationssicherheit im Projektmanagement") des Anhangs A ebenfalls Neuerungen. Dieser Abschnitt fordert, dass Informationssicherheit als ein Bestandteil des Projektmanagements zu sehen und sicherzustellen ist, dass identifizierte Risiken berücksichtigt und behandelt werden können.

Weggefallen ist die ehemalige Unterdomäne A.10.9 „Electronic commerce services" (dt. „Elektronischer Geschäftsverkehr"). Die Maßnahmen dieses Abschnitts sind in den neuen Bereich 14.1 „Security requirements of information systems" (dt. „Sicherheitsanforderungen an Informationssysteme") eingearbeitet worden.

Eine andere weitreichende Änderung erfolgte im Bereich der Entwicklung neuer Informationssysteme. Die ehemalige Unterdomäne A.12.2 „Correct processing in applications" (dt. „Fehlerfreie Anwendungssoftware") wurde vollständig entfernt. Für die dafür neu gestaltete Unterdomäne A.14.2 „Security in development and support processes" (dt. „Sicherheit in der Entwicklung und dem Betrieb von Unterstützungsprozessen") wurden nicht nur sämtliche Maßnahmen mit Themenbezug zusammengezogen (u. a. „outsourced development" (dt. „ausgelagerte Entwicklung"), „Systems acceptance testing" (dt. „Systemakzeptanzprüfungen") oder „Restrictions on changes to software packages" (dt. „Beschränkungen für die Veränderung von Softwarekomponenten")[416]. Dieser Abschnitt wurde zudem um Maßnahmenempfehlungen zur Gestaltung einer „Secure Development Policy" (dt. „Sichere Entwicklungspolitik") in A.14.2.1, also dem Aufbau einer gesicherten Entwicklungsumgebung, dem Aufstellen von Prinzipien für Systementwicklungen in A.14.2.5 und das Testen von Sicherheitsfunktionen in A.14.2.9, ergänzt.

In der Domäne A.15 „Supplier Relationships" (dt. „Lieferantenbeziehungen") wird die Überwachung der Tätigkeiten von Lieferanten gefordert. So muss beispielsweise der Lieferant regelmäßig überwacht, überprüft und auditiert werden (Maßnahme A.15.2.1).[417] Ergänzt wird dieser Themenkomplex durch Maßnahmenempfehlungen zur Erfassung, Gestaltung und Absicherung einer „Information and communication technology supply chain" (dt. „Informations- und Kommunikationstechnik-Lieferkette") (Maßnahme 15.1.3).

Die nachfolgende Tabelle zeigt eine Gegenüberstellung der Maßnahmenziele in Anhang A der beiden Normversionen.

Anhang A der ISO/IEC 27001:2005	Anhang A der ISO/IEC 27001:2013
A.5 Security policy	A.5 Information security policies
A.5.1 Information security policy	A.5.1 Management direction for information security
A.6 Organization of information security	A.6 Organization of information security
A.6.1 Internal organization	A.6.1 Internal organization
A.6.2 External parties	A.15 Supplier relationships
-	A.6.2 Mobile devices and teleworking

---

[416] ISO/IEC, 2013: ISO/IEC 27001:2013. Genf, S. 18-19
[417] ebenda, S. 19

Anhang A der ISO/IEC 27001:2005	Anhang A der ISO/IEC 27001:2013
A.7 Asset management	A.8 Asset Management
A.7.1 Responsibility for assets	A.8.1 Responsibility for Assets
A.7.2 Information classification	A.8.2 Information classification
A.8 Human resources security	A.7 Human resource security
A.8.1 Prior to employment	A.7.1 Prior to employment
A.8.2 During employment	A.7.2 During employment
A.8.3 Termination and change of employment	A.7.3 Termination and change of employment
A.7 Asset management	A.8 Asset management
A.7.1 Responsibility for assets	A.8.1 Responsibility for assets
A.7.2 Information classification	A.8.2 Information classification
-	A.8.3 Media handling
A.9 Physical and environmental security	A.11 Physical and environmental security
A.9.1 Secure areas	A.11.1 Secure areas
A.9.2 Equipment security	A.11.2 Equipment
A.10 Communication and operations management	A.8, Asset management A.12 Operations security, A.13 Communications security, A.15 Supplier relationships
A.10.1 Operational procedures and responsibilities	A.12.1 Operational procedures and responsibilities
A.10.2 Third party service delivery management	A.15.2 Supplier service delivery management
A.10.3 System planning and acceptance	A.17.2 Redundancies
A.10.4 Protection against malicious and mobile code	A.12.2 Protection from malware
A.10.5 Back-up	A.12.3 Backup
A.10.6 Network security management	A.13.1 Network security management
A.10.7 Media handling	A.8.3 Media handling
A.10.8 Exchange of information	A.13.2 Information transfer
A.10.9 Electronic commerce services	A.14.1 Security requirements of information systems
A.10.10 Monitoring	A.12.4 Logging and monitoring

Anhang A der ISO/IEC 27001:2005	Anhang A der ISO/IEC 27001:2013
A.11 Access control	A.9 Access control
A.11.1 Business requirement for access control	A.9.1 Business requirements of access control
A.11.2 User access management	A.9.2 User access management
A.11.3 User responsibilities	A.9.3 User responsibilities
A.11.4 Network access control	A.9.4 System and application access control
A.11.5 Operating system access control	A.9.4 System and application access control
A.11.6 Application and information access control	A.9.4 System and application access control
A.11.7 Mobile computing and teleworking	A.6.2 Mobile devices and teleworking
A.12 Information systems acquisition, development and maintenance	A.14 System acquisition, development and maintenance
A.12.1 Security requirements of information systems	A.14.1 Security requirements of information systems
A.12.2 Correct processing in applications	- entfernt -
A.12.3 Cryptographic controls	A.10 Cryptography
-	A.10.1 Cryptographic controls
A.12.4 Security of system files	A.12.5 Control of operational software, A.14.3 Test data, A.9.4 System and application access control
A.12.5 Security in development and support processes	A.14.2 Security in development and support processes
A.12.6 Technical vulnerability management	A.12.6 Technical vulnerability management
A.9 Physical and environmental security	A.11 Physical and environmental security
A.9.1 Secure areas	A.11.1 Secure areas
A.9.2 Equipment security	A.11.2 Equipment

Anhang A der ISO/IEC 27001:2005	Anhang A der ISO/IEC 27001:2013
-	A.12 Operations security
A.10.1 Operational procedures and responsibilities	A.12.1 Operational procedures and responsibilities
-	A.12.2 Protection from malware
A.10.5 Back-up	A.12.3 Backup
-	A.12.4 Logging and monitoring
-	A.12.5 Control of operational software
A.12.6 Technical Vulnerability Management	A.12.6 Technical vulnerability management
A.15.3 Information systems audit considerations	A.12.7 Information systems audit considerations
-	A.13 Communications security
A.10.6 Network security management	A.13.1 Network security management
-	A.13.2 Information transfer
-	A.14 System acquisition, development and maintenance
A.12. 1 Security requirements of information systems	A.14.1 Security requirements of information systems
A.12.5 Security in development and support processes	A.14.2 Security in development and support processes
-	A.14.3 Test data
-	A.15 Supplier relationships
-	A.15.1 Information security in supplier relationships
-	A.15.2 Supplier service delivery management
A.13. Information security incident management	A.16. Information security incident management
A.13.1 Reporting security events and weaknesses	A.16.1 Management of information security incidents and improvements
A.13.2 Management of security incidents	A.16.1 Management of information security incidents and improvements
A.14 Business continuity management	A.17 Information security aspects of Business continuity management
A.14.1 Security aspects of business continuity management	A.17.1 Information security continuity
-	A.17.2 Redundancies
A.15 Compliance	A.18 Compliance
A.15.1 Compliance with legal requirements	A.18.1 Compliance with legal and

Anhang A der ISO/IEC 27001:2005	Anhang A der ISO/IEC 27001:2013
	contractual requirements
A.15.2 Compliance with security policies and standards, and technical compliance	A.18.2 Information security reviews
A.15.3 Information systems audit considerations	A.12.7 Information systems audit considerations

Tabelle 7: Gegenüberstellung der Maßnahmenziele im Anhang A der ISO/IEC 27001:2005 gegenüber der ISO/IEC 27001:2013

Quelle: Schaaf, T., 2013: ISO/IEC 27001:2013 – Der neue Standard für Informationssicherheits-Management.
http://www.mitsm.de/download/fachartikel/mitsm-iso-27001-wissenswertes-zum-update-2013/download. **München, S. 6-7. Zugegriffen am: 22.11.2014 (Eigene Überarbeitung)**

6.14 Auswirkungen der Änderungen auf die Zertifizierung

Das „International Accreditation Forum" (kurz: IAF, dt. „Internationales Akkreditierungsforum") hat in seiner Generalversammlung vom 23. bis 25. Oktober 2013 in Seoul, Südkorea beschlossen, die Übergangsfrist von der alten ISO/IEC 27001:2005 auf die neue ISO/IEC 27001:2013 am 01. Oktober 2015 enden zu lassen (IAF Resolution 2013-13).[418] Das gilt für diejenigen Organisationen, die bereits nach der (noch) bestehenden Norm zertifiziert worden sind und die Aktualisierung ihres Zertifikats auf die neue Norm anstreben. Für Organisationen, die sich neu oder re-zertifizieren lassen möchten, ist der Stichtag ein Jahr früher: 01. Oktober 2014. Für Erst- und Re-Zertifizierungen ist ab diesem Datum nur noch die neue ISO/IEC 27001:2013 zulässig.[419]

---

[418] IAF, 2013: Resolutions adopted at the IAF 27th General Assembly. http://www.iaf.nu/upFiles/ Resolutions_IAF27_Approved.pdf. Seoul, S. 2. Zugegriffen am: 16.11.2014
[419] ebenda, S. 2; Zugegriffen am: 16.11.2014

6.15 Auswirkungen der Änderungen auf Zertifizierungsstellen

Für akkreditierte Zertifizierungsstellen wird die Umstellung auf die neue Norm ISO/IEC 27001:2013 von der DAkkS auf der Akkreditierungsurkunde ausgewiesen. Voraussetzung hierfür ist eine formale Antragstellung bei der DAkkS.[420] Dazu sind dem Antrag folgende Unterlagen beizufügen:

- der Umstellungsplan der Zertifizierungsstelle mit einem Verzeichnis erteilter Zertifikate ISO 27001:2005
- eine Liste der zugelassenen ISMS-Auditoren
- die Nachweise der Schulungen zur ISO/IEC 27001:2013[421]

Die Umstellung auf die neue ISO/IEC 27001-Norm erfolgt auf Grundlage einer Dokumentenprüfung durch die DAkkS.[422] Damit die Fristen gewahrt werden, mussten die diesbezüglichen Anträge vollständig bis zum 31. März 2014 bei der DAkkS eingegangen sein.[423]

---

[420] DAkkS, 2013: Informationssicherheits-Management: Umstellung auf die neue ISO/IEC 27001:2013. http://www.dakks.de/content/informationssicherheits-management-umstellung-auf-die-neue-isoiec-270012013. Zugegriffen am: 16.11.2014
[421] ebenda, zugegriffen am: 16.11.2014
[422] ebenda, zugegriffen am: 16.11.2014
[423] ebenda, zugegriffen am: 16.11.2014

7 Expertenbefragung

Um die Erfahrungen aus der Praxis und die Einschätzungen von Experten hinsichtlich dieser neuen Norm in die Masterarbeit einfließen zu lassen, soll eine Expertenbefragung durchgeführt werden. Dabei sollen insbesondere folgende Fragestellungen beantwortet werden:

- Welcher geschätzte Aufwand resultiert für Organisationen aus der Aktualisierung der ISO/IEC 27001?
- Sind unterschiedlich große Unternehmen unterschiedlich stark von den Veränderungen der Norm betroffen?
- Wie dringend müssen die notwendigen Veränderungen angegangen werden?
- Wie gehen die Unternehmen derzeit mit der neuen ISO/IEC 27001:2013 um (z. B. abwartend, aktiv)?
- Welche wesentlichen Auswirkungen sind bei integrierten Managementsystemen (IMS) zu erwarten?
- Welche Auswirkung hat die Überarbeitung der Norm auf interessierte Unternehmen bzw. wie werden diese Unternehmen die Neufassung beurteilen (positiv, neutral, negativ)?

Diese Expertenbefragung kann Unternehmen als nützliche Hilfe bei der eigenen Meinungs- und Entscheidungsfindung dienen. Diese qualitative Erforschung soll mit Hilfe eines Fragebogens durchgeführt werden, der von den befragten Experten schriftlich ausgefüllt wird. Durch den Einsatz eines Fragenkatalogs soll zum einen die Vergleichbarkeit erhöht sowie die Fragen strukturiert und einheitlich gestellt werden.[424]

7.1 Entwicklung des Fragenkatalogs

Zunächst ist nach Mayer ein klar definierter Wirklichkeitsausschnitt festzulegen und Befragte als Repräsentanten der Expertengruppe für die Befragung auszuwählen.[425] Da nicht alle ISO/IEC 27001-Experten befragt werden können, wird eine sogenannte Stichprobe durchgeführt.[426] In der qualitativen Stichprobenbildung ist die Relevanz der

---

[424] Mayer, H., 2013: Interview und schriftliche Befragung. München, S. 37
[425] ebenda, S. 38
[426] ebenda, S. 38

befragten Experten von entscheidender Bedeutung.[427] Um dies sicherzustellen, werden Experten ausgewählt, die einen möglichst großen Überblick über die Thematik haben und die Beantwortung aus dem Blickwinkel der Gesamtheit der Organisationen vornehmen. Diese von Mayer „vorab-Festlegung" genannte Art der Stichprobenbildung stellt die Strichprobenbildung zuvor fest, während die Stichprobe beim theoretischen Sampling schrittweise erweitert und ergänzt.[428] Im Rahmen dieser Masterarbeit wird die Stichprobe vor Beginn der Untersuchung festgelegt. Die Stichprobe der Experten wurde anhand von Vorüberlegungen und anhand der Fragestellung der Masterarbeit vorgenommen. Zum einen wurde auf Experten zurückgegriffen, die für eine Befragung zur Verfügung standen und darüber hinaus die Fragestellung des Fragebogens so angepasst, dass deren umfangreiche Erfahrungen aus unterschiedlichen Organisationen auf eine Grundgesamtheit schließen lässt. Diese Experten wurden von mir aus meinem Netzwerk von Informationssicherheitsexperten selektiert. Alle Befragten haben jahrelange Erfahrung im Bereich Informationssicherheits-Management. Bei den Befragten handelt es sich entweder um erfahrene ISMS-Berater oder in einer Organisation für Informationssicherheit verantwortliche Personen.

Mit den gewonnenen Ergebnissen soll die derzeitige Lage hinsichtlich der ISO/IEC 27001 eingeschätzt werden. Die vorliegende Untersuchung besitzt folglich nur für einen begrenzten Zeitraum von ungefähr ein bis zwei Jahren Gültigkeit.

Für die Stichprobe der Experten wurden Personen gewählt, welche die von Mayer geforderten Kriterien erfüllen: Sie müssen über ein klares und abrufbares Wissen auf einem begrenzten Gebiet verfügen.[429] Nach Meuser et. al gilt eine Person als Experte wenn er „in irgendeiner Weise Verantwortung trägt für den Entwurf, die Implementierung oder die Kontrolle einer Problemlösung" oder „über einen privilegierten Zugang zu Informationen über Personengruppen oder Entscheidungsprozesse verfügt."[430] Diese beiden Kriterien erfüllen alle in der Stichprobe enthaltenen Experten, welche im Rahmen dieser Masterarbeit befragt werden.

Nach Kallus besteht ein Fragebogen aus systematisch zusammengestellten Frage-Antwort-Einheiten, den sogenannten Fragebogenitems (kurz: Items).[431] Bei der Erstellung des im Rahmen der Masterarbeit angefertigten Fragebogens werden die folgenden drei Aspekte bei der Formulierung der Items beachtet:

---

[427] Mayer, H., 2013: Interview und schriftliche Befragung. München, S. 39
[428] ebenda, S. 39
[429] ebenda, S. 39
[430] Meuser, M., Nagel, U., Experteninterviews – vielfach erprobt, wenig bedacht, in Garz, D., Kraimer, K., 1991: Qualitativ-empirische Sozialforschung: Konzepte, Methoden, Analysen. Opladen, S. 443
[431] Kallus, K., 2010: Erstellung von Fragebogen. Wien, S. 18

- Semantisch-inhaltliche Aspekte
- Sprachlich-grammatikalische Aspekte
- Psychologische Aspekte/Aspekte der menschlichen Informationsverarbeitung[432]

Unter die semantisch-inhaltlichen Aspekte fallen folgende Anforderungen[433]:
- Einfache Aussagen formulieren
- Präzise Aussagen/Fragen formulieren
- So verhaltensnah wie möglich formulieren
- Pro Item nur eine Aussage
- Eine einzige Antwortdimension
- Merkmalsfacetten am Alltagsverhalten orientieren
- Aussagen klar und affirmativ formulieren

Die sprachlich-grammatikalischen Aspekte beinhalten folgende Anforderungen[434]:
- Bezüge eindeutig machen
- Konzepte in die Sprache der Befragten „übersetzen"
- Mehrdeutige Begriffe und Begriffe mit spezifischer Bedeutung in Teilgruppen: Begriffe präzisieren
- Ähnliche Begriffe zur Eingrenzung komplexer Zustände und Prozesse verwenden
- Spezifische Begriffe an den Einsatzbereich des Fragebogens anpassen
- Wörter mit regional unterschiedlicher Bedeutung vermeiden
- Zeitbezug und situative Spezifität bei Items
- Das geeignete Abstraktionsniveau wählen
- Einfache Sätze mit eindeutigen grammatikalischen Bezügen formulieren

Die psychologischen Aspekte fordern folgendes[435]:
- Lesbarkeit und klares Design
- Verständlichkeit
- Einfache Beantwortbarkeit
- Neutraler Bezug zum Personen-Lebensumfeld/-kontext
- Eindeutigkeit und Klarheit

Nach der Formulierung der Fragen für den Fragebogen, wurden die Antwortformate und die Antwortskalen erarbeitet. Dabei wurde insbesondere darauf geachtet, dass die Items aus Frage und Antwortoption sinnvolle Einheiten bilden.[436] Damit soll neben der

---

[432] Kallus, K., 2010: Erstellung von Fragebogen. Wien, S. 55
[433] ebenda, S. 56-59
[434] ebenda, S. 59-63
[435] ebenda, S. 63-66
[436] ebenda, S. 39

einfachen Beantwortbarkeit auch die Auswertbarkeit gewährleistet werden. Passen die Fragen nicht zu den Antwortoptionen, ist denkbar, dass befragte Personen, weil sie genervt sind, ihre Antworten ohne bedacht geben. Folglich wäre eine sinnvolle Interpretation der Ergebnisse nicht möglich. Bei der Erarbeitung der Antwortoptionen wurde auch die Antwortskala festgelegt. Dabei wurde insbesondere auf eine sinnvolle Abstufung bzw. Ausprägung geachtet. Da die befragten Experten die Gesamtheit der Organisationen in Deutschland im Blick haben sollen, ist eine feingranulare Abstufung der Antworten nicht möglich. Dies liegt insbesondere daran, weil den Einschätzungen eine relativ große Ungenauigkeit inhärent ist, weil die Antworten beispielsweise nicht für eine Organisation, sondern aus dem Blickwinkel vieler Organisationen erfolgen. Vor der Verteilung des Fragebogens an die Experten wurde er einem von Mayer geforderten sogenannten Pretest unterzogen.[437] Mit einem derartigen Test sollen problematische, komplexe oder unverständliche Formulierungen festgestellt und verbessert werden.[438]

7.2 Fragenkatalog

Der vollständige Fragenkatalog, der im Rahmen dieser Masterarbeit erstellt und verwendet wurde, ist im Anhang dokumentiert.

7.3 Pretest

Mummendey et. al empfehlen den erstellten Fragebogen vor der eigentlichen Befragung zu testen, d. h. einen sogenannten Pretest durchzuführen.[439] In diesem Pretest wird anhand einer probeweisen Befragung untersucht, ob der Fragebogen Schwächen aufweist, wie z. B. schwer verständlich ist oder sich sonstige Probleme beim Beantworten ergeben.[440] Zudem sollen Informationen über die benötigte Zeitdauer[441] und über nicht beantwortbare Fragen[442] gewonnen werden. Nach Mayer soll auch festgestellt werden, ob der Fragebogen zu komplexe Formulierungen enthält, die verbessert werden können.[443]

---

[437] Mayer, H., 2013: Interview und schriftliche Befragung. München, S. 45
[438] ebenda, S. 45
[439] Mummendey, H., Grau, I., 2014: Die Fragebogen-Methode. Göttingen, S. 90
[440] ebenda, S. 90
[441] ebenda, S. 90
[442] ebenda, S. 91
[443] Mayer, H., 2013: Interview und schriftliche Befragung. München, S. 45

Mummendey unterscheidet beim Pretest drei verschiedene Arten von Pretests[444]:

- Konventioneller Pretest: Die Befragten werden gefragt, ob sie bei der Beantwortung des Fragenkatalogs Verständnisprobleme hatten.
- Verhaltenskodierung: Dieser Pretest wird für geplante mündliche Befragungen angewandt. Bei diesem Test werden der Befragte sowie der Befrager während der Befragung beobachtet, um daraus Informationen für Verbesserung zu erhalten.
- Kognitiver Pretest: Die Befragten sollen während der Beantwortung der Fragen „laut denken", um aus diesen Informationen Verbesserungspotenziale des Fragebogens zu erkennen.

Für den in dieser Masterarbeit verwendeten Fragebogen wurde als Testmethode ein konventioneller Pretest durchgeführt. Hierzu wurde der erstellte Fragebogen an Prof. Dr. Sachar Paulus gesandt. Im Anschluss daran, wurden ihm die nachfolgenden Fragen gestellt, um gegebenenfalls vorhandene Schwächen des Fragebogens aufdecken und abstellen zu können:

- Wie wird der Umfang des Fragebogens beurteilt?
- Wie war die Verständlichkeit der Items (insbesondere die Fragen und Bearbeitungshinweise)?
- Wurden Fragen als zu komplex empfunden? Wenn ja, welche?
- Gab es Probleme bei der Beantwortung des Fragebogens?
- Konnten alle Fragen beantwortet werden?
- Welche Zeitdauer wurde für die Beantwortung des Fragebogens benötigt?
- War die Thematik des Fragebogens interessant?
- Wie wurde die die Beantwortung der Fragen empfunden?

7.4 Theoretische Grundlagen zur Auswertung

Im Rahmen der Auswertung sollen aus den im Rahmen der Expertenbefragung gewonnen Ergebnisse das Überindividuell-Gemeinsame herausgearbeitet werden.[445] Das heißt, es muss versucht werden, Einzelmeinungen bzw. -einschätzungen bei der Auswertung zu eliminieren und dadurch möglichst weitgehende allgemeine Erkenntnisse über den Untersuchungsgegenstand zu erhalten. Um dies beurteilen zu können, sollen Gütekriterien eingesetzt werden.[446] Sie dienen zur Überprüfung von Forschungsmethoden[447], hier der Expertenbefragung mit Hilfe eines Fragebogens. In diesem Zusammenhang fordert Friedrichs die Frage nach der Gültigkeit und der

---

[444] Mummendey, H., Grau, I., 2014: Die Fragebogen-Methode. Göttingen, S. 91
[445] Mayer, H., 2013: Interview und schriftliche Befragung. München, S. 47
[446] ebenda, S. 55
[447] ebenda, S. 55

Zuverlässigkeit.[448] Die Gültigkeit bzw. Validität geht der Frage nach, ob auch tatsächlich das gemessen wurde, was gemessen werden sollte.[449] Die Zuverlässigkeit bzw. Reliabilität prüft hingegen, ob die Messung unter gleichen Bedingungen zu den gleichen Ergebnissen führt und bezieht sich damit auf die Stabilität und Genauigkeit.[450] Nach Flick ist es für die Zuverlässigkeit der Ergebnisse notwendig, offenzulegen, was Aussage des Befragten war und wo die Interpretation beginnt.[451]

7.5 Ergebnisse der Expertenbefragung

Im Rahmen dieser Masterarbeit wurden 12 Experten gebeten, den Fragenkatalog auszufüllen. Bei den angefragten Personen vermutete ich ausreichendes Wissen und Erfahrung bezüglich der alten und neuen ISO/IEC 27001-Norm, um die gestellten Fragen beantworten zu können. Alle angefragten Experten wurden von mir vorab telefonisch über mein Vorhaben informiert und gefragt, ob sie an der Expertenbefragung teilnehmen möchten und können. Alle 12 Personen sagten mir ihre Teilnahme zu.

Vor dem Versand des Fragebogens habe ich die Form (Word-Formular per E-Mail) sowie die Vorgehensweise bei der Beantwortung und Auswertung erläutert. Insbesondere habe ich den angefragten Personen dabei eine vertrauliche Behandlung der personenbezogenen Daten zugesichert. Dies wird insbesondere durch die anonymisierte Auswertung und Dokumentation der Ergebnisse in der Masterarbeit sowie durch eine Vernichtung der Antwortdateien erzielt. Dadurch sollten vor allem zwei Ziele erreicht werden: Erstens war erwünscht, dass die Teilnehmer möglichst offen und realistisch, d. h. ohne Kalkül, die Beantwortung der Fragen vornehmen. Zweitens sollten wider Erwarten von einzelnen Befragten nicht beantwortbare Fragen „ohne Gesichtverlust" offen gelassen werden können.

Den Fragenkatalog habe ich von sieben Personen ausgefüllt zurück erhalten. Drei Personen gaben an, nicht über ausreichendes Wissen und/oder Erfahrung mit den beiden Versionen der Norm zur Beantwortung des Fragenkatalogs zu verfügen. Vier Wochen nach dem Versand des Fragebogens haben, trotz einer Erinnerung, zwei Personen nicht auf die Anfrage geantwortet. Aus dem Verhältnis der Anzahl beantworteter Fragenkataloge zu der Anzahl angefragter Personen, ergibt sich eine Beantwortungsquote von 58 %.

[448] Friedrichs, J., 1985: Methoden empirischer Sozialforschung. Reinbek, S. 100
[449] Mayer, H., 2013: Interview und schriftliche Befragung. München, S. 56
[450] Mayer, H., 2013: Interview und schriftliche Befragung. München, S. 56
[451] Flick, U., 1999: Qualitative Forschung. Theorie, Methoden, Anwendung in Psychologie und Sozialwissenschaften. Reinbek, S. 243

Die nachfolgende Tabelle listet die Antworten der Experten, die im Rahmen der Expertenbefragung abgegeben wurden, übersichtlich auf. Die Nummerierung der Fragen stimmt mit der im Fragebogen überein. Die Antworten aus den Fragebögen wurden gezählt und in die entsprechenden Zellen kumuliert eingetragen. Bei Fragen, deren Antworten aus Textteilen bestanden (z. B. Frage 6), wurden alle Antworten der Fragebögen in die entsprechende Zelle übertragen. Für eine bessere Übersichtlichkeit und aus Platzgründen wurden die Antworten z. T. gekürzt. Die Erläuterungsfelder zu den jeweiligen Fragen im Fragebogen, in denen erläuternder Text eingegeben werden konnte, wurden im Rahmen dieser Masterarbeit nicht weiter berücksichtigt. Die beantworteten Fragebögen enthielten nicht zu allen Fragen Antworten. Deshalb ist die Anzahl der Antworten zu einer Frage zum Teil geringer als die Anzahl der beantworteten Fragebogen. Die Befragten gaben bei denjenigen Fragen, die eine Auswahl mehrerer Antwortmöglichkeiten enthielten jeweils nur eine Antwort. In Ausnahmefällen wurden von Befragten zwei Antwortoptionen ausgewählt. Diese Abweichungen sind in der nachfolgenden Tabelle durch Fußnoten mit den entsprechenden Erläuterungen angegeben.

Nr.	Frage	Ausprägung	Anzahl der Antworten
		Antworten aus den Fragebogen (z. T. gekürzt)	
1	Wie vielen Organisationen ist bekannt, dass eine neue Version der ISO/IEC 27001 veröffentlicht wurde?	0-10 %	1
		11-30 %	0
		31-60 %	1
		61-90 %	2
		91-100 %	3
2	Wie vielen Organisationen ist bekannt, dass diese neue Version der ISO/IEC 27001 Veränderungsbedarf in ihrer Organisation hervorruft?	0-10 %	1
		11-30 %	0
		31-60 %	2
		61-90 %	2
		91-100 %	2
3	Wie beurteilen die Organisationen die Überarbeitung der Norm?	Positiv	4
		Neutral	3
		Negativ	0
4	Wie viele Organisationen werden den Vorgaben der veränderten Norm folgen und damit ihr Zertifikat aufrechterhalten?	0-10 %	0
		11-30 %	0
		31-60 %	0
		61-90 %	2
		91-100 %	5

Nr.	Frage	Ausprägung	Anzahl der Antworten
5	Gibt es Organisationen, die sich aufgrund der Veränderungen an der ISO/IEC 27001 dazu entscheiden, die Vorgaben dieser Norm nicht mehr einzuhalten?	Nein	4[452]
		Ja, bis 10 %	4
		Ja, 11-30 %	0
		Ja, 31-60 %	0
		Ja, 61-90 %	0
		Ja, 91-100 %	0
6	Welche inhaltlichen Änderungen an der ISO/IEC 27001 werden von der Mehrzahl der Organisationen abgelehnt?	Genauere Bestimmung der Stakeholder[453,454]	
		Wirksamkeitskontrolle	
		Einziehung externer Ressourcen	
		Risikomanagement	
		Keine	
		Kein PDCA mehr	
		Strengere Anforderungen an Messbarkeit	
7	Welche inhaltlichen Änderungen an der ISO/IEC 27001 werden von der Mehrzahl der Organisationen begrüßt?	Entkoppelung vom BCM[455,456]	
		Größere Freiheit bei der Risikoeinschätzung	
		Abkehr von der Forderung der Korrektheit zugunsten der Integrität	
		Klare Anforderungen zu Dienstleisterverhältnissen	
		Vereinfachung IS-Risikomanagement	
		Gliederung nach Norm	
		Reduzierung der Maßnahmen	
		Erhöhte Freiheitsgrade für Überprüfung	
		Änderungen bzgl. Dokumentationsanforderungen	
		Risiko-orientierter Ansatz, weniger kontrollorientiert	

---

[452] In einem Fragebogen wurden zwei Antwortoptionen zu dieser Frage ausgewählt: „Nein" und „Ja, bis 10 %".
[453] Ein Fragebogen enthielt Angaben zu den Veränderungen der Normversionen, ohne eine Zuordnung in „abgelehnt" (Frage 6) oder „begrüßt" (Frage 7) vorzunehmen. Die Antworten dieses Befragten zu dieser Frage wurden deshalb nicht berücksichtigt.
[454] Ein Fragebogen enthielt keine Antwort zu dieser Frage.
[455] Ein Fragebogen enthielt keine Antwort zu dieser Frage.
[456] Ein Fragebogen enthielt Angaben zu den Veränderungen der Normversionen, ohne eine Zuordnung in „abgelehnt" (Frage 6) oder „begrüßt" (Frage 7) vorzunehmen. Die Antworten dieses Befragten zu dieser Frage wurden deshalb nicht berücksichtigt.

Nr.	Frage	Ausprägung	Anzahl der Antworten
		Deutlichere Forderung individueller Zielfestlegung	
		Klarere Definition der Kontrollen	
		Geringere Anzahl von Maßnahmen	
		Von Asset- zu Risikoorientierung	
		Strengere Anforderungen an Messbarkeit	
8	Wie geht die Mehrzahl der Organisationen derzeit mit der neuen ISO/IEC 27001:2013 um?	Passiv	0
		Abwartend	3
		Aktiv	4
9	Wann wird der Großteil der Organisationen beginnen die notwendigen Veränderungen aufgrund der Aktualisierung der ISO/IEC 27001 vorzunehmen?	Bereits vorgenommen	2
		Bis 6 Monate	0
		6 Monate bis 1 Jahr	0
		1 bis 2 Jahre	2
		Größer 2 Jahre	1
		Rechtzeitig	2
10	Welcher geschätzte Aufwand resultiert für eine Organisation aus der Aktualisierung der ISO/IEC 27001?	Bis 10 d	0[457]
		11-50 d	3
		51-100 d	2
		101-200 d	1
		201-500 d	0
		501-1.000 d	0
		> 1.000 d	0
		Bis 1.000 €	0
		1.001-10.000 €	1
		10.001-50.000 €	4
		50.001-100.000 €	0
		100.001-300.000 €	0
		300.001-500.000 €	0
		Über 500.000 €	0
11	Aus welchen inhaltlichen Änderungen an der ISO/IEC 27001 resultieren die höchsten Aufwendungen?	Anpassung des Risiko-Managements	
		Berücksichtigung externer Dritter	
		Anforderung an Dienstleister	
		Veränderung von Rollen	

[457] Bei dieser Frage enthielt ein Fragebogen weder Angaben zu den zeitlichen noch zu den finanziellen Aufwendungen. Ein weiterer Fragebogen beantwortete nur den Fragenteil zum zeitlichen Aufwand.

Nr.	Frage	Ausprägung	Anzahl der Antworten
		Wirksamkeitskontrolle	
		Fokus auf Risiken	
		Anpassung der Dokumentation an neue Gliederung	
		Definition der Zielvorgaben für IS in IS-Policy inkl. Ableitungen im ISMS	
		Überprüfung und Anpassung des Risikomanagements	
		Neuordnung der bestehenden Dokumentation wegen Kapiteländerung	
		Ausformulierung des risikobasierten Ansatzes	
		Messbarkeit	
		Kontrolle von Dienstleistern	
12	Haben große Organisationen einen größeren Aufwand, um die geänderten Vorgaben der ISO/IEC 27001 zu implementieren, als kleinere?	Ja	4
		Nein	3
13	Welche inhaltlichen Änderungen in der ISO/IEC 27001:2013 führen nur für sehr große Organisationen (über 5.000 Mitarbeiter) zu signifikanten Aufwendungen?	Risikomanagement: Benennung/Zuordnung von Risiko-Eigentümern[458]	
		Anpassung in bestehendem, standardisierten Kontrollsystem	
		Anpassung im Risiko- und Krisen-Management	
		Keine	
14	Welche Einsparpotenziale (z. B. Synergieeffekte, Wegfall von Vorgaben) resultieren aus der Aktualisierung der ISO/IEC 27001 innerhalb der nächsten drei Jahre nach Implementierung der Änderungen (ohne Gegenrechnung des Implementierungsaufwands)?	Bis 10 d	3[459]
		11-50 d	2
		51-100 d	0
		101-200 d	0
		201-500 d	0
		501-1.000 d	0
		> 1.000 d	0
		Bis 1.000 €	0
		1.001-10.000 €	4

---

[458] Drei Fragebögen enthielten keine Antworten zu dieser Frage.
[459] Zwei Fragebögen enthielten keine Antworten zu dieser Frage.

Nr.	Frage	Ausprägung	Anzahl der Antworten
		10.001-50.000 €	1
		50.001-100.000 €	0
		100.001-300.000 €	0
		300.001-500.000 €	0
		Über 500.000 €	0
15	Aus welchen inhaltlichen Änderungen an der ISO/IEC 27001 resultieren die höchsten Einsparpotenziale (z. B. durch den Wegfall bzw. die Reduzierung von Anforderungen)?	BCM nicht mehr erforderlich[460]	
		Inhaltliche Eingabekontrollen können entfallen	
		Risikobetrachtung vereinfacht	
		Dokumentation	
		Integriertes Managementsystem	
		Wegfall von bisher formal erforderlichen Kontrollen	
		Risiko- statt Assetorientierung	
16	Welche Auswirkungen durch die Änderungen an der ISO/IEC 27001 sind bei integrierten Managementsystemen (IMS) auf den übergreifenden Teil des Managementsystems zu erwarten?	Keine	1
		Geringe	5
		Große	1
17	Wie beurteilen an der Norm ISO/IEC 27001 interessierte, aber nicht danach zertifizierte Organisationen die Überarbeitung der Norm?	Positiv	4
		Neutral	2
		Negativ	1
18	Welche Auswirkung hat die Überarbeitung der ISO/IEC 27001 auf an dieser Norm interessierte, aber nicht danach zertifizierte Organisationen?	Gesteigert	1
		Gleichbleibend	6
		Abnehmendes	0
19	In welchem Maße wird der Implementierungsaufwand der ISO/IEC 27001:2013 im Vergleich zur ISO/IEC 27001:2005 für noch nicht zertifizierte Organisationen verringert bzw. erhöht?	Keine Veränderung	3
		Verr. bis 10 %	1
		Verr. 11-30 %	1
		Verr. 31-60 %	0
		Verr. 61-90 %	0
		Verr. über 90 %	0
		Erh. bis 10 %	1
		Erh. 11-30 %	1

---

[460] Zwei Fragebögen enthielten keine Antworten zu dieser Frage.

Nr.	Frage	Ausprägung	Anzahl der Antworten
		Erh. 31-60 %	0
		Erh. 61-90 %	0
		Erh. über 90 %	0
20	In welchem Maße wird der, nach einer ISO/IEC 27001-Implementierung, anfallende Aufwand durch die Aktualisierung der Norm verringert bzw. erhöht (z. B. zur Pflege des ISMS)?	Keine Veränderung	4
		Verr. bis 10 %	1
		Verr. 11-30 %	0
		Verr. 31-60 %	0
		Verr. 61-90 %	0
		Verr. über 90 %	0
		Erh. bis 10 %	1
		Erh. 11-30 %	1
		Erh. 31-60 %	0
		Erh. 61-90 %	0
		Erh. über 90 %	0

Tabelle 8: Übersicht über die Ergebnisse des Fragebogens

Quelle: Eigene Darstellung

7.6 Auswertung und wesentliche Erkenntnisse

In diesem Abschnitt der Masterarbeit werden die Antworten der Befragten ausgewertet und die daraus resultierenden, wesentlichen Erkenntnisse aufgezeigt sowie um meine persönliche Einschätzungen ergänzt.

Grundsätzlich ist bei der Auswertung anzumerken, dass die Rückschlüsse und Erkenntnisse lediglich eine grobe Orientierung geben können. Keinesfalls aber soll der Eindruck erweckt werden, dass es sich bei dieser Expertenbefragung um eine repräsentative Befragung handelt. Folglich dürfen die Ergebnisse nicht auf alle Organisationen übertragen werden. Bei den Befragten handelt es sich jedoch um erfahrene Experten, die aufgrund ihrer Kenntnis mehrerer Organisationen die Sicht dieser Organisationen gut einschätzen können. Aus diesem Grunde lässt sich deshalb meiner Meinung nach eine grobe Orientierung aus den Antworten ableiten.

Die erste Frage, wie vielen Organisationen die neue ISO/IEC 27001:2013 bekannt ist, beantworteten fünf von sieben Befragten mit 61-90 % bzw. 91-100 %. Es kann demzufolge davon ausgegangen werden, dass es den meisten Organisationen bekannt ist, dass eine neue Version der Norm veröffentlicht wurde.

Ob den Organisationen bekannt ist, dass aus der Aktualisierung der ISO/IEC 27001 Veränderungsbedarf resultiert, wird, im Vergleich zu anderen Fragen, relativ uneinheitlich eingeschätzt. So wurden alle bis auf eine Ausprägung von den Befragten mindestens einmal als Antwort angegeben. Die Befragten gaben jeweils zweimal den Antwortoptionen 31-60 %, 61-90 % und 91-100 % ihre Zustimmung. Daraus könnte man ableiten, dass die Organisationen sich über den Aktualisierungsbedarf nicht im Klaren sind oder diesen nicht sehen. Eine detaillierte, valide und grundsätzliche Aussage lässt sich aufgrund der Frage und der Anzahl der Befragten nicht treffen.

Die Überarbeitung der Norm schätzte die Mehrzahl der Befragten positiv und kein einziger negativ ein. Diese Bewertung dürfte im Zusammenhang mit der Frage stehen, ob die Organisationen der geänderten Norm folgen und damit ihr Zertifikat aufrechterhalten werden. Fünf Interviewte gaben ihre Bewertung mit 91-100 % und zwei mit 61-90 % an. Demgegenüber schätzten, bei einer Doppelnennung, jeweils vier Befragte, dass die Organisationen die geänderte Norm nicht bzw. nur sehr wenige von ihnen (bis 10 %) zukünftig nicht mehr einhalten wollen. Vermutlich werden demnach sehr viele Organisationen den Anforderungen der neuen Norm folgen.

Die Frage nach den abgelehnten inhaltlichen Änderungen an der ISO/IEC 27001 ist in dem Fragenkatalog bewusst offen gestellt. Damit soll den Befragten eine offene Beantwortung ermöglicht werden. Einer der Befragten sieht keine inhaltlichen Änderungen, die von der Mehrzahl der Organisationen abgelehnt werden. Die anderen Nennungen sind für mich nicht vollständig nachvollziehbar. Dies liegt zum Teil daran, dass Begründungen zu den Angaben nicht explizit abgefragt wurden und deshalb nicht vorliegen. Die genannten Änderungen bewirken für die Organisationen aus meiner Sicht einen sinnvollen Mehrwert. Deshalb scheidet eine mangelnde Sinnhaftigkeit der Inhalte für mich aus. Eventuell basiert die Einschätzung aber auf den für eine Umsetzung der Anforderungen basierende Mehraufwand. Beispielsweise ist die genauere Bestimmung der Stakeholder deshalb für die Organisation bzw. ihr ISMS sinnvoll, weil sie sich erst nach Kenntnis der Erwartungen und Anforderungen dieser, angemessen und effizient ausrichten kann. Ohne die Kenntnis dieser Informationen besteht sonst die Gefahr, Aspekte nicht oder nicht in ausreichendem Maße zu berücksichtigen.

Die Nennung, dass die Mehrzahl den Wegfall des PDCA-Zyklus ablehnt, kann so nicht ganz richtig sein. Die ISO/IEC 27001:2013 schreibt den PDCA-Zyklus nicht mehr verbindlich vor. Er ist vielmehr eine mögliche Realisierungsvariante. Organisationen, die den PDCA-Zyklus beibehalten möchten, verstoßen damit nicht gegen die Anforderungen der neuen Norm.

Die in diesem Zusammenhang genannten Themen Messbarkeit und Wirksamkeitskontrolle, stellen für Organisationen bzw. deren ISMS aus meiner Sicht ebenfalls wesentliche Mehrwerte dar. Ein unwirksames ISMS zu betreiben, dürfte für keine Organisation ein tragbarer Zustand sein. Dass hierfür Kontrollen notwendig sind liegt auf der Hand. Vergleicht man die Informationssicherheit mit dem Qualitätsmanagement, so wird eines sehr schnell deutlich: Verzichtet man auf regelmäßige Kontrollen, wird das Niveau der Qualität bzw. der Informationssicherheit zunehmend schlechter werden. Dies liegt insbesondere daran, dass in einem solchen Fall das einmalig, z. B. im Rahmen eines Projektes, hergestellte Niveau im Vergleich zu anderen kontrollierten Zielen (z. B. Profitabilität), an Bedeutung verliert und die Beachtung der nicht kontrollierten Ziele folglich abnimmt.

Durch die Frage sieben des Fragenkatalogs soll herausgefunden werden, welche inhaltlichen Änderungen von der Mehrzahl der Organisationen begrüßt werden. Dabei fällt auf, dass die Anzahl der genannten Themen im Vergleich zu den ablehnten Themen wesentlich größer ausfällt. Die gemachten Ausführungen lassen sich darüber hinaus besser auswerten, da sie ausführlicher sind und eine eindeutige Interpretation zulassen. So konnte die bloße Angabe „Risikomanagement" bei den abgelehnten Inhalten nur zur Kenntnis genommen werden. Die beiden diesbezüglichen Nennungen bei den begrüßten Inhaltsänderungen, nämlich „Größere Freiheit bei der Risikoeinschätzung" und „Vereinfachung IS-Risikomanagement", sind ausreichend detailliert und präzise, um daraus klare Erkenntnisse abzuleiten. Darüber hinaus sind bei dieser Frage sieben Inhalte genannt, welche durch andere Befragte bei der vorhergehenden Frage sechs (Ablehnung) angegeben sind. So hat jeweils ein Befragter die strengeren Anforderungen an die Messbarkeit bei den abgelehnten bzw. begrüßten inhaltlichen Änderungen genannt.

Die Mehrzahl der Befragten können präzise Angaben zu positiv bewerteten inhaltlichen Änderungen machen. Bei den abgelehnten inhaltlichen Änderungen fallen die Angaben unpräzise und nicht eindeutig interpretierbar aus. Daraus leite ich ab, dass die inhaltlichen Vorteile der neuen Norm für die Befragten eindeutig benannt werden können. Demgegenüber sind die abgelehnten Inhalte offensichtlich schwieriger klar und eindeutig benennbar. Diese Einschätzung basiert auch auf der Tatsache, dass die jeweiligen Fragen im Fragenkatalog bis auf die Ausprägung identisch formuliert waren.

Aus diesem Grunde kann der gleiche Schwierigkeitsgrad der Frage und die Verständlichkeit der Frage angenommen werden.

Außerdem ist bei diesen beiden Fragen (Frage sechs und sieben) sehr auffallend, dass die Vorteile der neuen Norm mit 15 Nennungen die Nachteile mit nur sechs Nennungen deutlich überwiegen. Daraus kann geschlossen werden, dass allein zahlenmäßig die Vorteile bei den inhaltlichen Änderungen an der neuen Norm signifikant größer sind.

Die Frage acht des Fragebogens, nach dem Umgang der Organisationen mit der ISO/IEC 27001:2013, beantworteten die Interviewten mit aktiv (vier Stimmen) und abwartend (drei Stimmen). Das Resultat zeigt, dass vermutlich die überwiegende Anzahl der Organisationen mit der neuen Norm aktiv bzw. abwartend umgehen, wenige bis keine Institutionen jedoch passiv.

Bei der Frage, wann die Organisationen die aufgrund der Aktualisierung notwendigen Veränderungen vornehmen werden, kann abgeleitet werden, dass die meisten sich innerhalb des nächsten Jahres damit beschäftigen werden bzw. die Veränderungen abgeschlossen haben werden. Die Angabe eines Befragten, dass die Aktualisierungsaktivitäten vom Großteil erst in mehr als zwei Jahren begonnen werden, muss stark angezweifelt werden. Die Übergangsfrist für zertifizierte Organisationen endet im Herbst 2015 und in ca. einem Jahr ab dem Befragungsdatum. Da bei der Beantwortung von bereits nach ISO/IEC 27001:2005 zertifizierten Institutionen ausgegangen werden soll, würde bedeuten, dass sie ihr Zertifikat, zumindest vorübergehend, nicht aufrechterhalten könnten. In Frage vier gaben alle Befragten an, dass 61-100 % der Organisationen ihr Zertifikat aufrechterhalten wollen und zudem in Frage fünf nach deren Einschätzung nur bis zu 10 % der Unternehmen den Anforderungen der neuen Norm nicht folgen werden. Aufgrund der Übergangsfristen ist es demnach nicht möglich, dass der Großteil der zertifizierten Organisationen erst in zwei Jahren mit ihren Aktualisierungsaktivitäten beginnt.

Der aus der Aktualisierung der ISO/IEC 27001 resultierende geschätzte Aufwand wird von der Mehrheit der Befragten mit 11 bis 50 Tagen und 10.001 bis 50.000 € angegeben. Die restlichen Antworten schätzen zwischen 51 und 200 Tagen und 1.001 bis 10.000 €. Daraus lässt sich erkennen, dass der Anpassungsbedarf für die meisten Organisationen überschaubar ist und damit vermutlich überwiegend von den eigenen Mitarbeitern bewältigt werden kann.

Für weitergehende Auswertungen, habe ich folgende Berechnung vorgenommen.
- Für die genannten Ausprägungen wurden die Mittelwerte gebildet:
  - 11-50 d: 30,5 d[461]
  - 51-100 d: 75,5 d
  - 101-200 d: 150,5 d
  - 1.001-10.000 €: 5.500,5 €
  - 10.001-50.000 €: 30.000,5 €
- Diese Mittelwerte wurden gewichtet: Mittelwert multipliziert mit der Anzahl der Antworten:
  - 30,5 d x 3 = 91,5 d
  - 75,5 d x 2 = 151 d
  - 150,5 d x 1 = 150,5 d
  - 5.500,5 € x 1 = 5.500,5 €
  - 30.000,5 € x 4 = 120.002 €
- Summe der gewichteten Mittelwerte:
  - 91,5 d + 151 d + 150,5 d = 393 d
  - 5.500,5 € + 120.002 € = 125.502,5 €
- Durchschnittsberechnung: Mittelwerte geteilt durch die Anzahl der Antworten:
  - 393 d : 6 Antworten[462] = 65,5 d
  - 125.502,5 € : 5 Antworten[463] = 25.100,5 €

Die höchsten Aufwendungen bei den Aktualisierungsanforderungen werden in den folgenden, aus den Antworten zusammengefassten, Bereichen erwartet:[464]
- Veränderung des Risikomanagements
- Anpassung der Dokumentation an neue Norm-Struktur
- Umsetzung der Wirksamkeitskontrolle/Messbarkeit
- Berücksichtigung externer Dritter

Das Risikomanagement, die Wirksamkeitskontrolle bzw. die Messbarkeit sowie die Anforderungen bezüglich Dritter wurden bereits in Kapitel 6 „Änderungen an der ISO/IEC 27001:2013 gegenüber der " auf Seite 41 dieser Masterarbeit als wesentliche Veränderung in der neuen Norm identifiziert.

Die Beantwortung der Frage 12 nach dem Unterschied des Aufwands in großen und kleinen Organisationen wurde nahezu gleichverteilt vorgenommen. So gehen vier Befragten von höheren und drei von gleichen oder niedrigeren Aufwänden für große Organisationen aus. Dabei wurden von diesen Personen das Risiko- und

---

[461] d: Abkürzung für Tag (lat.: „dies")
[462] Siehe Tabelle 8 „Übersicht über die Ergebnisse des Fragebogens", Frage 10 sowie deren Fußnote
[463] ebenda
[464] Die Auflistung stellt keine Reihenfolge dar.

Krisenmanagement sowie das Kontrollsystem als nur für große Unternehmen wesentliche Aufwandstreiber identifiziert (Frage 13).

In der nächsten Frage 14 wurden die Experten um ihre Einschätzung bezüglich der Einsparpotenziale durch die ISO/IEC 27001:2013 innerhalb der nächsten drei Jahre gebeten. Dabei sollte keine Gegenrechnung mit dem Implementierungsaufwand erfolgen, um eindeutig interpretierbare Antworten zu erhalten. Der Implementierungsaufwand wurde in Frage zehn bereits abgefragt. Die am häufigsten erwarteten Einsparpotenziale liegen zwischen 0 und 50 Tagen sowie zwischen 1.001 und 50.000 €.

Für weitergehende Auswertungen, habe ich folgende Berechnung vorgenommen.
- Für die genannten Ausprägungen wurden die Mittelwerte gebildet:
  - 0-10 d: 5 d
  - 11-50 d: 30,5 d
  - 1.001-10.000 €: 5.500,5 €
  - 10.001-50.000 €: 30.000,5 €
- Diese Mittelwerte wurden gewichtet: Mittelwert multipliziert mit der Anzahl der Antworten:
  - 5 d x 3 = 15 d
  - 30,5 d x 2 = 61 d
  - 5.500,5 € x 4 = 22.002 €
  - 30.000,5 € x 1 = 30.000,5 €
- Summe der gewichteten Mittelwerte:
  - 15 d + 61 d = 76 d
  - 22.002 € + 30.000,5 € = 52.002,5 €
- Durchschnittsberechnung: Mittelwerte geteilt durch die Anzahl der Antworten:
  - 76 d : 5 = 15,2 d
  - 52.002,5 € : 5 = 10.400,5 €
- Einsparpotenziale aufgrund der Aktualisierung:
  - 15,2 Tage : 3 Jahre = ca. 5 Tage pro Jahr
  - 10.400,5 € : 3 Jahre = ca. 3.466 € pro Jahr
- Aufwand für die Aktualisierung (siehe oben):
  - 65,5 d
  - 25.100,5 €

Diese Werte angenommen, würde sich eine Aktualisierung

- hinsichtlich der notwendigen Aufwände in Tagen nach ungefähr 13 Jahren (65,5 d : 5 d/Jahr = 13,1 Jahren) und
- hinsichtlich der finanziellen Aufwände in ungefähr sieben Jahren (25.100,5 € : 3.466 €/Jahr = 7,2 Jahre)

amortisieren.

Eine Aktualisierung ihres ISMS um Einsparungen zu erzielen, dürfte für die meisten Organisationen damit weniger interessant sein. Vergleicht man diesen Grund mit den Gründen für eine Zertifizierung (z. B. Wettbewerbsvorteil gegenüber Mitbewerbern), so spielen diese rein finanziellen oder aufwandsorientierten Aspekte sicherlich eine untergeordnete Rolle.

Die höchsten Einsparpotenziale resultieren gemäß den befragten Experten aus den folgenden inhaltlichen Änderungen der neuen Norm:

- BCM nicht mehr erforderlich
- Eingabekontrollen entfallen teilweise
- Risikobetrachtung vereinfacht
- Risiko- statt Asset-Orientierung
- Dokumentationsanforderungen
- Integriertes Managementsystem

Die Änderungen an der ISO/IEC 27001 bewirken gemäß den Antworten der Befragten geringe Auswirkungen auf den übergreifenden Teil eines integrierten Managementsystems. Nur zwei Teilnehmer schätzten die Auswirkungen als groß bzw. nicht vorhanden ein. Vermutlich liegt das daran, dass Organisationen mit integrierten Managementsystemen die erforderlichen Anpassungen am übergreifenden Teil selbst eruiert und implementiert haben. Die neue Norm bzw. die neuen Normen dürften hier aber einen wesentlichen Beitrag für eine einfachere und effizientere Erstellung eines solchen Teils leisten.

An der ISO/IEC 27001 interessierte, aber nicht danach zertifizierte Organisationen schätzen laut den Angaben der Experten die Aktualisierung der Norm überwiegend positiv ein. Dennoch schätzen sie, dass diese Organisationen ein gleichbleibendes Interesse an der neuen Norm haben. Bei der Einschätzung, wie sich der Implementierungsaufwand zwischen den beiden Versionen der Norm für noch nicht zertifizierte Organisationen verändert, wird relativ uneinheitlich beantwortet. So äußerten drei Befragte, dass sie keine Veränderung zwischen den beiden Normversionen sehen. Zwei Befragte meinen, dass mit der neuen Norm im Vergleich zur alten Norm keine oder eine geringe Verringerung dieses Aufwands erzielt werden kann. Demgegenüber schätzen zwei Experten, dass sich die Aufwände hierfür geringfügig erhöhen werden. Folgerichtig kann für diese Frage kein eindeutig interpretierbares Ergebnis ermittelt werden, dass eine gewisse Tendenz feststellen lässt. Vielmehr ist es denkbar, dass diesbezüglich unterschiedliche Erfahrungen von den Experten gemacht wurden.

Ähnlich sind die Antworten der Experten bei der letzten Frage gelagert, wenngleich sich eine etwas eindeutigere Tendenz daraus ableiten lässt. So gaben vier befragte Personen an, dass die nach der Implementierung anfallenden Aufwände durch die Aktualisierung der Norm kaum eine Veränderung erfahren. Nur ein Befragter geht von einer geringen Reduzierung und zwei von einer leichten Erhöhung der Aufwände aus. Infolge der Befragungsergebnisse kann man annehmen, dass die Aufwände nach der Implementierung bei beiden Normversionen ähnlich sind.

8 Handlungsleitfaden für Anpassungen aufgrund der Aktualisierung der ISO/IEC 27001

Für das strukturierte Aufzeigen des Handlungsbedarfs aufgrund der angepassten Anforderungen sowie der dabei notwendigen Maßnahmen, wurden mehrere Alternativen geprüft und bewertet. Folgende Alternativen der Strukturierung wurden von mir evaluiert:

- Nach Priorität der Anforderung
- Nach dem erwartetem Umfang
- Nach Themengebiet
- Nach der Struktur der Norm

Es müssen zwar alle Anforderungen der ISO/IEC 27001:2013 bis zu einer Re-Zertifizierung bzw. bis zum Überwachungsaudit erfüllt werden, um ein Zertifikat auf Basis der neuen Norm zu erhalten. Dennoch dauern manche Anpassungen in der Umsetzung länger als andere und können deshalb eine höhere Priorität besitzen. Da dies ebenso wie der erwartete Umfang jedoch sehr stark vom bestehenden ISMS und der jeweiligen Organisation abhängt, habe ich die beiden ersten Optionen nicht für die Strukturgliederung des Handlungsleitfadens verwendet.

Die Handlungsbedarfe nach Themen zu strukturieren, erscheint sinnvoll. Dennoch wird dadurch der Bezug zur Struktur der Norm abgeschwächt und die praktische Anwendbarkeit dadurch erschwert. Deshalb habe ich entschieden, die Struktur der Norm als Grundlage für den Aufbau der Handlungsbedarfe zu wählen. Insbesondere soll die praktische Anwendung erleichtert werden, da der Leser sich sehr einfach zurechtfinden kann zwischen den Handlungsempfehlungen in diesem Kapitel, den im Kapitel 6 „Änderungen an der ISO/IEC 27001:2013 gegenüber der ISO/IEC 27001:2005" auf Seite 41 dieser Masterarbeit erläuterten Veränderungen in der Norm und den Anforderungen in der ISO/IEC 27001:2013. Weil jede Organisation und damit jedes ISMS in seiner Ausgestaltung einzigartig ist, kann der individuelle Handlungsbedarf hinsichtlich der in dieser Masterarbeit empfohlenen Aktivitäten nur durch eine organisationsspezifische Analyse der Veränderungen, Anforderungen und Empfehlungen eruiert und anschließend implementiert werden.

Die Ausführungen in diesem Kapitel beziehen sich vor allem auf die notwendigen Anpassungen an einem ISMS aufgrund der Aktualisierung der ISO/IEC 27001. Da eine trennscharfe Abgrenzung zwischen Anforderungen der alten und neuen Norm oftmals nicht möglich ist, können auch nicht ausschließlich neue Anforderungen im Text enthalten sein.

In den folgenden Abschnitten ist zu beachten, dass mehrfach von mir empfohlen wird Dokumentationen anzufertigen. Dies soll den Betrieb und die permanente Anpassung eines ISMS erleichtern. Die ISO/IEC 27001:2013 fordert die empfohlenen Dokumentationen oftmals nicht. Deshalb muss jede Organisation für sich entscheiden, ob und in welchem Maße derartige Dokumentationen angefertigt werden sollen.

Am Ende der jeweiligen Abschnitte zeigt eine Tabelle die wesentlichen Aufgaben sowie die geschätzten Aufwände und Prioritäten. Die geschätzten Aufwände sind in Personentagen und die Prioritäten von eins bis drei, mit eins für die höchste Dringlichkeit, angegeben. Der geschätzte Aufwand geht dabei von einem Unternehmen aus dem Dienstleistungssektor mit 1.000 Mitarbeitern und fünf Standorten, drei davon im Ausland liegend, aus. Meine Schätzungen basieren auf Erfahrungswerten aus einer Vielzahl von ISMS-Projekten in Unternehmen unterschiedlicher Größe in verschiedenen Branchen. Wie eingangs beschrieben ist der Aufwand abhängig von der Organisation und dem bestehenden ISMS. Folglich können die angegebenen Werte dem Leser nur als grobe Orientierung dienen.

8.1 Wesentliche Aktivitäten zu Kapitel 4

Im Kapitel 4 der ISO/IEC 27001:2013 wurden im Vergleich zur alten Norm, wie in Abschnitt 6.3 „Änderungen in Kapitel 4" auf Seite 42 dieser Masterarbeit erläutert, insbesondere die Anforderungen bezüglich des Geltungsbereichs eines ISMS (neue Norm, Abschnitt 4.1) erweitert.

Organisationen, die konform zur neuen Norm sein möchten, müssen nun die internen und externen Aspekte ermitteln, welche für die Organisation relevant sind und das ISMS beeinflussen. Gemäß der ISO 31000 können externe Aspekte beispielsweise aus den sozialen, politischen und technologischen Gegebenheiten, Trends oder Beziehungen zu externen Stakeholdern bestehen.[465] Der interne Kontext kann sich der ISO 31000 nach hingegen beispielsweise aus der Organisationsstruktur, den Zielen und Strategien sowie den internen Stakeholdern zusammensetzen.[466] Organisationen

---

[465] Brewer, D., 2013: An Introduction to ISO/IEC 27001:2013, London, S. 30
[466] ebenda, S. 31

müssen demnach prüfen, ob sie alle diesbezüglich relevanten Entitäten kennt. Um den Überblick über die wesentlichen Aspekte zu behalten und diese im ISMS berücksichtigen zu können, kann es sinnvoll sein, das Ergebnis in Form eines Mindmaps (dt. „Gedächtniskarte") zu dokumentieren. Dieses Dokument kann aktualisiert und nennenswerte Veränderungen kenntlich (z. B. durch farbliche Markierung) gemacht werden.

Des Weiteren müssen die interessierten Parteien, welche Relevanz für das ISMS besitzen berücksichtigt werden.[467] Das heißt vor allem, die internen und externen Stakeholder zu ermitteln. Außerdem müssen Organisationen die Bedürfnisse und Erwartungen dieser Stakeholder feststellen und angemessen berücksichtigen. Konkret sind beispielsweise Verträge mit Kunden und Lieferanten sowie Vorgaben von Aufsichtsbehörden und Muttergesellschaften zu untersuchen und daraus die bestehenden Bedürfnisse und Erwartungen zu extrahieren. Da dies auf der einen Seite einen wichtigen Input für das ISMS darstellt, auf der anderen Seite jedoch bei detaillierter und umfassender Betrachtung sehr hohen Aufwand bedeutet, sollte eine pragmatische und effiziente Vorgehensweise gewählt werden. So können zum Beispiel Kunden und Lieferanten in Gruppen zusammengefasst und evaluiert werden. Außerdem ist zu beachten, dass einige der von der Norm geforderten Informationen bereits vorliegen (z. B. in Verträgen, Gesetzen) und deshalb auf diese im ISMS nur referenziert werden muss.

Auf Basis dieser Informationen ist auch der Geltungsbereich des ISMS einer Überprüfung zu unterziehen und ggf. anzupassen. Sofern noch nicht geschehen, sind Schnittstellen und Abhängigkeiten zu anderen Organisationen bzw. Externen (z. B. aufgrund von Outsourcing) dabei unbedingt mit zu berücksichtigen.[468]

Kapitel in der ISO/IEC 27001:2013	4
Priorität	2
Wesentliche Aufgaben	• Bestimmen der interessierten Parteien • Bedürfnisse und Erwartungen der interessierten Parteien berücksichtigen • Aspekte bestimmen, welche für die Organisation und für die Zielerreichung des ISMS relevant sind • Schnittstellen und Abhängigkeiten zu

[467] ISO/IEC, 2013: ISO/IEC 27001:2013. Genf, S. 1
[468] ebenda, S. 2

	anderen Organisationen feststellen • Geltungsbereich prüfen und ggf. anpassen
Geschätzter Aufwand (in PT)	6

Tabelle 9: Übersicht über die wesentlichen Aufgaben bezüglich Kapitel 4

Quelle: Eigene Darstellung

8.2 Wesentliche Aktivitäten zu Kapitel 5

Die ISO/IEC 27001:2013 wurde im Vergleich zur alten Norm in Kapitel 5, wie in Abschnitt 6.4 „Änderungen in Kapitel 5" auf Seite 45 dieser Masterarbeit erläutert, insbesondere die Anforderungen an das Top Management (neue Norm, Abschnitt 5.1) erweitert. In einem zur neuen Norm konformen ISMS muss das Top Management gewährleisten, dass die ISMS-Anforderungen in die Prozesse integriert werden, die Informationssicherheitsziele kompatibel mit den strategischen Zielen sind, das ISMS die vorgesehenen Ergebnisse erzielt und das Top Management seine Führung durch Unterstützung von relevanten Managementrollen demonstriert.[469] Das bestehende ISMS muss während der Gap-Analyse untersucht werden, um festzustellen, ob es diese Anforderungen bereits erfüllt. Andernfalls muss ausgehend von den strategischen Zielen geprüft werden, ob Anpassungen an den Informationssicherheitszielen vorgenommen werden müssen. Dies kann beispielsweise der Fall sein, wenn ein strategisches Ziel der Organisation ist, Märkte in neuen Ländern zu erschließen, die Informationssicherheitspolitik jedoch nur auf einzuhaltende deutsche Gesetze referenziert.

Des Weiteren müssen die Ergebnisse des ISMS analysiert werden. Erzielt das ISMS nicht die erwarteten Ergebnisse (z. B. Gewährleistung einer Verfügbarkeit von 99,99 %), hat das Top Management Maßnahmen einzuleiten, welche dies zukünftig sicherstellen (z. B. Beschaffungen für notwendige Redundanzen freigeben).

Das Top Management muss nach der neuen Norm sichtbar die Führung bezüglich Informationssicherheit übernehmen.[470] Ein Beispiel, welches diese Anforderung aber nicht alleinig erfüllt, ist, dass das Top Management regelmäßig an wichtigen Besprechung teilnimmt, sich aktiv über den Status der Informationssicherheit unterrichten lässt und in diesem Zusammenhang notwendige Entscheidung trifft, unterstützt und kontrolliert. Dies beinhaltet auch die Etablierung und Zuweisung von

---

[469] ISO/IEC, 2013: ISO/IEC 27001:2013. Genf, S. 2
[470] ebenda, S. 2

Verantwortlichkeiten und Befugnissen von Rollen im Bereich der Informationssicherheit sowie deren Kommunikation. Insbesondere sind die Verantwortlichkeit und die Befugnis für die Berichterstattung der Leistungseinschätzung des ISMS gegenüber dem Top Management zu definieren. Außerdem fordert die ISO/IEC 27001:2013 vom Top Management zu zeigen, dass Personen, welche zur Effektivität des ISMS beitragen, zu leiten und zu unterstützen.[471] Ein Indiz, dass diese neue Anforderung erfüllt wird, kann die Unterstützung eines Administrators sein, der auf einen Mangel hinsichtlich Informationssicherheit hinweist und vom Top Management bei dessen Beseitigung die notwendigen zeitlichen Ressourcen eingeräumt bekommt.

Kapitel in der ISO/IEC 27001:2013	5
Priorität	1
Wesentliche Aufgaben	• ISMS-Anforderungen in Prozesse integrieren • Informationssicherheitsziele mit strategischen Zielen in Einklang bringen • Sicherstellen, dass ISMS die vorgesehenen Ergebnisse erzielt • Gewährleisten, dass Top Management Führung bzgl. Informationssicherheit übernimmt • Etablierung, Zuweisung und Kommunikation von Verantwortlichkeiten und Befugnissen
Geschätzter Aufwand (in PT)	7

Tabelle 10: Übersicht über die wesentlichen Aufgaben bezüglich Kapitel 5

Quelle: Eigene Darstellung

8.3 Wesentliche Aktivitäten zu Kapitel 6

Das Kapitel 6 der ISO/IEC 27001:2013 wurde im Vergleich zur alten Norm, wie in Abschnitt 6.5 „Änderungen in Kapitel 6" auf Seite 47 dieser Masterarbeit ausgeführt, insbesondere hinsichtlich des Risikomanagementprozesses und der IS-Ziele verändert.

[471] ISO/IEC, 2013: ISO/IEC 27001:2013. Genf, S. 2

Zunächst sollten Organisationen im Anschluss der Gap-Analyse prüfen, welche Änderungen aufgrund der in der neuen Norm entfallenen Anforderungen sinnvoll sind. Die Identifizierung der Vermögensgegenstände samt ihren Eigentümer, der Bedrohungen und Schwachstellen im Rahmen der Risikoanalyse ist nicht mehr vorgeschrieben, weshalb die korrespondierenden Prozessschritte (z. B. Identifizierung aller Vermögensgegenstände) nicht mehr durchgeführt werden müssen. Dadurch können eventuell Einsparungen beim regelmäßig durchzuführenden Risikomanagementprozess erzielt werden. Zu beachten ist jedoch, dass Organisationen, die sich entscheiden, den bisherigen Prozess an dieser Stelle unverändert zu lassen, nicht gegen die neue Norm verstoßen.

Das bisherige Risikomanagement ist dennoch um die in den Abschnitten 6.3 „Änderungen in Kapitel 4" auf Seite 42 und 8.1 „Wesentliche Aktivitäten zu Kapitel 4" auf Seite 96 dieser Masterarbeit identifizierten neuen Anforderungen zu ergänzen. Dazu muss die Organisation den Kontext der Organisation sowie die Anforderungen und Erwartungen der interessierten Parteien bei der Feststellung der Risiken (und Chancen) zwingend berücksichtigen.[472] Darüber hinaus sind mit der neuen Norm Risiken zu identifizieren, welche die vom ISMS erwarteten Ergebnisse negativ beeinflussen sowie zu anderen unerwünschten Effekten führen.[473] Dazu kann zum Beispiel zählen, dass die Risiken bezüglich des Betriebs eines Verfahrens vollständig identifiziert wurden. Das setzt in den meisten Fällen voraus, dass die daran interessierten Parteien (z. B. Verfahrensverantwortlicher, -nutzer) bekannt sind sowie der Bedarf an Informationssicherheit eruiert wurde und die für sie aus einer Verletzung der Informationssicherheit resultierenden Auswirkungen bekannt sind. Andernfalls kann das ISMS das gewünschte Ergebnis eines angemessenen Informationssicherheitsniveaus nicht herstellen.

Für die während des Risikomanagementprozesses identifizierten Risiken muss ein Risikoeigentümer benannt werden.[474] Diese Rolle ist neu in der ISO/IEC 27001:2013 und muss entsprechend in der Organisation eingeführt und jedem identifizierten Risiko ein Risikoeigentümer zugeordnet werden.

Grundsätzlich kann davon ausgegangen werden, dass mit Ausnahme der Rolle des Risikoeigentümers ein ISO/IEC 27001:2005-konformes ISMS hinsichtlich des Risikomanagements konform oder weitgehend konform zu diesbezüglichen Anforderungen der neuen Norm ist.

---

[472] ISO/IEC, 2013: ISO/IEC 27001:2013. Genf, S. 3
[473] ebenda, S. 3
[474] ebenda, S. 4

Darüber hinaus fordert die neue Norm, dass Kriterien für die Durchführung von IS-Risikobewertungen aufgestellt und gepflegt werden müssen.[475] Das heißt konkret, dass Organisationen festlegen müssen, wie und unter Zuhilfenahme welcher Kriterien IS-Risikobewertungen durchzuführen sind.

Organisationen müssen prüfen, ob sie mit der ISO/IEC 27001:2013-konforme IS-Ziele definiert hat. Die bisherigen, diesbezüglichen Anforderungen werden durch die neue Norm ausgeweitet. So sind für relevante Bereiche bzw. Funktionen innerhalb der Organisation auf unterschiedlichen Hierarchiestufen IS-Ziele festzulegen und diese angemessen zu aktualisieren.[476] Das heißt, es sollten basierend auf der IS-Politik, strategische, taktische und operative Ziele eruiert werden. Das kann beispielsweise in der Realität folgendermaßen umgesetzt sein. Die IS-Politik einer Organisation gibt vor, dass Kundendaten sehr wichtig und sensibel sind und deshalb unbedingt angemessen vor Verlust zu schützen sind. Auf taktischer Ebene könnte dies bedeuten, dass ein Sicherheitskonzept zum Schutz der Kundendaten erstellt wird. Darin wiederum wird vorgeschrieben, dass Zugriffsberechtigungen auf Kundendaten einmal pro Quartal überprüft und ggf. angepasst werden müssen. Es reicht nicht mehr aus, auf strategischer Ebene IS-Ziele festzulegen.

Dabei werden in Abschnitt 6.2 b) und c) für Anforderungen der ISO/IEC 27001:2013 zusätzliche Eigenschaften vorgeschrieben, die IS-Ziele erfüllen müssen.[477] Sie müssen messbar sein und anwendbare IS-Anforderungen sowie Ergebnisse der Risikobewertung und der -behandlung berücksichtigen.[478] Um konform zur neuen Norm zu sein, müssen Organisationen die Ziele dahingehend überprüfen und ggf. anpassen. Um im obigen Beispiel zu bleiben, könnte ein Messpunkt sein, ob die Zugriffsberechtigungen auf Kundendaten einmal pro Quartal überprüft und ggf. angepasst wurden. Zudem muss dargelegt werden können, wie Ergebnisse der Risikobewertung bzw. -behandlung in die Definition von Zielen einfließt.[479] Dies kann beispielsweise dadurch geschehen, dass eine Vorgabe in der Organisation existiert die vorschreibt, dass im Anschluss an den Risikomanagementprozess die Ergebnisse in der Ausgestaltung der IS-Ziele berücksichtigt werden muss. Im obigen Beispiel könnte im Risikomanagementprozess festgestellt werden, dass eine quartalsweise Überprüfung der Zugriffsberechtigungen von externen Beschäftigten auf Kundendaten nicht ausreicht. Folglich ist das IS-Ziel zu erweitern und beispielsweise eine monatliche Überprüfung der Zugriffsberechtigungen externer Beschäftigter vorzuschreiben. In diesem Zusammenhang möchte ich auf die ISO/IEC 27004 hinweisen, die weitere

[475] ISO/IEC, 2013: ISO/IEC 27001:2013. Genf, S. 3
[476] ebenda, S. 5
[477] ebenda, S. 5
[478] ebenda, S. 5
[479] ebenda, S. 5

Hilfestellung hierzu geben kann. Da sie aber momentan von der ISO/IEC überarbeitet wird, wird im Rahmen dieser Masterarbeit nicht näher auf sie eingegangen.[480]

Bereits bei der Planung von IS-Zielen müssen deren Umsetzung, der Ressourcenbedarf, der Umsetzungstermin sowie die Verantwortlichkeiten festgelegt werden.[481] Diese neuen Anforderungen der ISO/IEC 27001:2013 können praktikabel durch ein Dokument realisiert werden, welches die IS-Ziele dokumentiert. Darin sollten die genannten Informationen und zusätzlich eine Priorisierung dokumentiert sein. Wichtig erscheint mir dabei, dass ein solches Dokument auch bei der Planung der umzusetzenden Maßnahmen Berücksichtigung findet und damit die Grundlage für den Umsetzungsplan bildet. Ein Dokument mit IS-Zielen wird zwar durch die neue Norm nicht gefordert, erleichtert aber die Operationalisierung der Norm-Anforderungen.

Die in der bisherigen Norm vorgeschriebenen vier Alternativen der Risikobehandlung sind nicht in die neue Norm übernommen worden. Deshalb muss eine evtl. erfolgte Einordnung in eine der vier Alternativen nicht aufrechterhalten werden. Die Beibehaltung einer solchen Vorgehensweise ist jedoch bzgl. der neuen Norm nicht schädlich.

Kapitel in der ISO/IEC 27001:2013	6
Priorität	1
Wesentliche Aufgaben	<ul><li>Ggf. Anpassungsbedarf aufgrund der Normänderungen bzgl. der Vermögensgegenstände, deren Eigentümer sowie deren Bedrohungen und Schwachstellen</li><li>Berücksichtigung des Kontextes der Organisation und der Anforderungen und Erwartungen der interessierten Parteien im Risikomanagementprozess</li><li>Benennung der Risikoeigentümer</li><li>Aufstellen von Kriterien für die Durchführung von IS-Risikobewertungen</li><li>Anpassung der IS-Ziele:<ul><li>Messbarkeit herstellen</li><li>Berücksichtigung anwendbarer IS-</li></ul></li></ul>

---

[480] IsecT: ISO/IEC 27004. http://www.iso27001security.com/html/27004.html. Zugegriffen am: 23.11.2014
[481] ISO/IEC, 2013: ISO/IEC 27001:2013. Genf, S. 5

	Anforderungen sowie Ergebnisse der Risikobewertung und -behandlung • Festlegung der Umsetzung, des Ressourcenbedarfs, des Umsetzungstermins sowie der Verantwortlichkeiten für IS-Ziele
Geschätzter Aufwand (in PT)	15

Tabelle 11: Übersicht über die wesentlichen Aufgaben bezüglich Kapitel 6

Quelle: Eigene Darstellung

8.4 Wesentliche Aktivitäten zu Kapitel 7

Das Kapitel 7 der ISO/IEC 27001:2013 wurde im Vergleich zur alten Norm, wie in Abschnitt 6.6 „Änderungen in Kapitel 7" auf Seite 54 dieser Masterarbeit ausgeführt, verändert.

Zunächst müssen vermutlich viele Organisationen ihr Schulungs- und Awareness-Programm erweitern. Gemäß der neuen Norm müssen alle Personen im Geltungsbereich des ISMS angemessen qualifiziert und über Informationssicherheit aufgeklärt sein.[482] Die alte Norm machte diesbezüglich nur Vorgaben für Personen die am Aufbau und Betrieb eines ISMS beteiligt waren. Folglich ist zu prüfen, welche Personen zusätzlich in das Schulungs- und Awareness-Programm einzubeziehen sind und welche Kompetenzen sie jeweils besitzen müssen. Auch die diesbezüglichen dokumentierten Informationen müssen angepasst oder erstellt werden.

Die umfangreichsten Änderungen in diesem Kapitel haben die Anforderungen zum Kommunikationsprozess erfahren. So muss ein Kommunikationsprozess definiert werden, der festlegt, wann, was, durch wen, an wen und auf welchem Weg kommuniziert wird.[483] Dies kann durch eine Prozessbeschreibung in Verbindung mit einer Kommunikationsmatrix, welche die ISO/IEC 27001:2013 jedoch nicht explizit fordert, umgesetzt werden. Darin sind die geforderten Informationen für alle relevanten Ereignisse zu dokumentieren. Zum Beispiel sollte festgelegt sein, wer bei einem Sicherheitsvorfall für die Kommunikation nach außen verantwortlich ist und auf welchem Weg (z. B. E-Mail, Telefonkonferenz) und an wen (z. B. Internetpräsenz der Organisation, Medien) Informationen übermittelt werden müssen. Auch der Zeitpunkt und die groben Inhalte sollten möglichst präzise im Voraus dokumentiert werden, um

---

[482] ISO/IEC, 2013: ISO/IEC 27001:2013. Genf, S. 5
[483] ebenda, S. 6

eine geordnete Kommunikation zu ermöglichen. Außerdem sollte sichergestellt werden, dass nur diejenigen Personen kommunizieren, die hierzu autorisiert sind. Dies kann z. B. durch interne Richtlinien geregelt werden, die alle Beschäftigten einzuhalten haben (z. B. IS-Politik). Zudem müssen diejenigen Personen, welche mit der Kommunikation betraut werden, über die notwendige Kompetenz und das Wissen verfügen, um die Aufgabe sachgerecht und sinnvoll auszuführen. Hierzu ist es beispielsweise ratsam diese Person bzw. diese Personen bei einem Sicherheitsvorfall mit aktuellen Informationen, z. B. durch die Teilnahme an Meetings oder durch E-Mails, zu versorgen.

In diesem Zusammenhang kann es sinnvoll sein, in bestimmten Situationen nicht, erst zu einem festgelegten Zeitpunkt oder ausschließlich intern zu kommunizieren. Diese Sonderfälle sollten ebenfalls möglichst genau beschrieben sein.

Organisationen müssen dokumentierte Informationen vorhalten, welche sie zur Aufrechterhaltung der Effektivität des ISMS für notwendig erachten.[484] Mindestens müssen jedoch die Dokumentationsanforderungen der ISO/IEC 27001:2013 eingehalten werden.[485] Darüber hinausgehende Dokumentationen (z. B. Kommunikationsmatrix) können aber für einen effektiven Betrieb eines ISMS sinnvoll sein und sollten dann schriftlich vorliegen. Zu beachten ist, dass bei der Erstellung und Aktualisierung von dokumentierten Informationen ein angemessenes Format und Medium zu gewährleisten ist.[486] Konkret bedeutet das, dass Informationen in einem passenden Format (z. B. Notfallhandbücher in der jeweiligen Landessprache im PDF-Format) und Medium (z. B. Notfallhandbücher auch in Papierform oder auf einem nicht mit dem Netzwerk verbundenen Laptop) zur Verfügung gestellt werden. Für dokumentierte Informationen sollte untersucht, festgelegt und dokumentiert werden, welches Format und Medium jeweils angemessen ist.

Darüber hinaus fordert die ISO/IEC 27001:2013 in Abschnitt 7.3, dass jeder Beschäftigte die IS-Politik der Organisation kennen muss.[487] Dies kann durch eine regelmäßige Kommunikation der IS-Politik und eine Bestätigung der Kenntnisnahme durch die Adressaten erreicht werden. Das kann zum Beispiel mit Hilfe eines regelmäßigen Newsletters (dt. „Mitteilungsblatt") an die Beschäftigten erfolgen. Dieser kann die Anforderungen, Updates sowie einen Link auf die Intranetseite zu den ISMS-Neuigkeiten enthalten. Die Bestätigung kann in einem solchen Szenario durch Anklicken eines Links in der E-Mail bzw. auf der Intranetseite erfolgen.

---

[484] ISO/IEC, 2013: ISO/IEC 27001:2013. Genf, S. 6
[485] ebenda, S. 6
[486] ebenda, S. 6
[487] ebenda, S. 5

Kapitel in der ISO/IEC 27001:2013	7
Priorität	2
Wesentliche Aufgaben	• Prüfung und ggf. Erweiterung des Schulungs- und Awareness-Programms • Erforderliche Kompetenzen feststellen • Ausarbeiten und implementieren der erforderlichen Kommunikationsprozesse • Dokumentationen zur Aufrechterhaltung der Effektivität des ISMS prüfen und ggf. anpassen • Sicherstellen, dass alle Beschäftigten die IS-Politik der Organisation kennen
Geschätzter Aufwand (in PT)	10

Tabelle 12: Übersicht über die wesentlichen Aufgaben bezüglich Kapitel 7

Quelle: Eigene Darstellung

8.5 Wesentliche Aktivitäten zu Kapitel 8

Das Kapitel 8 der ISO/IEC 27001:2013 wurde im Vergleich zur alten Norm, wie in Abschnitt 6.7 „Änderungen in Kapitel 8" auf Seite 57 dieser Masterarbeit ausgeführt, vor allem bezüglich der Überwachung von geplanten Änderungen sowie der Feststellung und Kontrolle ausgelagerter Prozesse verändert.

Aufgrund der Aktualisierung der ISO/IEC 27001:2013 sollten Organisationen überprüfen, ob sie alle notwendigen Prozesse geplant und implementiert haben sowie diese kontrollieren, damit die IS-Anforderungen und die Aktivitäten des Risikomanagementprozesses umgesetzt werden können. Bei nach der bisherigen Normversion zertifizieren Organisationen wird vermutlich wenig Aufwand durch diese Anforderung resultieren, da ein Risikomanagementprozess auch Bestandteil der alten Norm war. Die IS-Anforderungen können insbesondere aufgrund der verstärkten Berücksichtigung der interessierten Parteien Anpassungen erfordern. Die ggf. neuen oder erweiterten IS-Anforderungen müssen der neuen Norm zufolge geplant, implementiert und kontrolliert werden.[488]

---

[488] ISO/IEC, 2013: ISO/IEC 27001:2013. Genf, S. 7

Aufgrund der ISO/IEC 27001:2013 sind nun geplante Änderungen, z. B. der Austausch einer Firewall-Appliance, zu kontrollieren.[489] Dies betrifft sowohl die Überwachung der Änderung als auch die Kontrolle nach deren Abschluss. So ist beispielsweise im Rahmen des erwähnten Austauschprozesses der Firewall-Appliance zu überwachen, ob alle Aktivitäten wie geplant ausgeführt werden und keine Fehler auftreten. Darüber hinaus soll nach Abschluss des Austauschs geprüft werden, ob der Austausch erfolgreich realisiert wurde, keine Fehler bestehen und keine unbeabsichtigten Änderungen durchgeführt wurden. Damit diese Anforderung operationalisiert werden kann, müssen Organisationen festlegen, wie dies erreicht werden soll. Denkbar ist zum Beispiel, dass eine Richtlinie zu geplanten Änderungen (z. B. Change-Management-Richtlinie) fordert, dass bei der Planung von Änderungen auch definiert wird, wie deren Umsetzung kontrolliert wird.

Die Auswirkungen ggf. vorhandener unbeabsichtigter Änderungen müssen überprüft und jegliche negativen Effekte müssen abgemildert werden.[490] Um im obigen Beispiel zu bleiben, kann es aufgrund des Austauschs der Firewall-Appliance dazu kommen, dass das Betriebssystem dieser Komponente aktualisiert wurde, ohne dass dies geplant war. Dadurch könnte es sein, dass den Administratoren der Firewall nun nicht mehr alle Funktionalitäten bekannt sind. Um Fehlbedingungen oder schlechte Konfigurationen zu vermeiden, müssen die Administratoren in die neuen Funktionalitäten eingewiesen bzw. geschult werden.

Außerdem fordert die ISO/IEC 27001:2013 in Abschnitt 8.1, dass ausgelagerte Prozesse festgestellt und kontrolliert werden.[491] Organisationen müssen demnach untersuchen, welche Prozesse der Organisation ausgelagert wurden. Eine Auflistung derartiger Prozesse vereinfacht die regelmäßige Aktualisierung und Überprüfung, ist jedoch von der neuen Norm nicht gefordert. Hinsichtlich der Überprüfung enthält die ISO/IEC 27001:2013 keine weitergehenden Anforderungen. Die Organisation muss also selbst festlegen, welche Überprüfungsaktivitäten sie für angemessen hält. Grundlage für eine solche Festlegung sollten die ausgelagerten Prozesse selbst bilden. Ausgelagerte Prozesse die beispielsweise von großer Bedeutung für die Organisation sind (z. B. Firewall-Betrieb, Backup), sollten durch qualitativ höherwertige Überprüfungsaktivitäten und häufiger geprüft werden, als solche die für die Informationssicherheit nur eine untergeordnete Rolle spielen (z. B. Fuhrparkmanagement).

---

[489] ISO/IEC, 2013: ISO/IEC 27001:2013. Genf, S. 7
[490] ebenda, S. 7
[491] ebenda, S. 7

Kapitel in der ISO/IEC 27001:2013	8
Priorität	3
Wesentliche Aufgaben	• Überprüfen, ob alle notwendigen Prozesse geplant, implementiert und kontrolliert werden, um die IS-Anforderungen zu erfüllen und die Aktivitäten des Risikomanagementprozesses zu realisieren • Sicherstellung der Überwachung aller geplanten Änderungen • Überprüfung der Auswirkung von unbeabsichtigten Änderungen • Abmilderung ggf. vorhandener negativer Effekte • Feststellung und Kontrolle ausgelagerter Prozesse
Geschätzter Aufwand (in PT)	8

Tabelle 13: Übersicht über die wesentlichen Aufgaben bezüglich Kapitel 8

Quelle: Eigene Darstellung

8.6 Wesentliche Aktivitäten zu Kapitel 9

Das Kapitel 9 der ISO/IEC 27001:2013 wurde im Vergleich zur alten Norm, wie in Abschnitt 6.8 „Änderungen in Kapitel 9" auf Seite 58 dieser Masterarbeit ausgeführt, insbesondere hinsichtlich der Anforderungen zu Überwachungen, Messungen und dem Managementreview verändert.

Die neue Norm macht bezüglich der Überwachung und Messung detailliertere Vorgaben als die alte Norm. Die neue Norm schreibt vor, dass Organisationen festlegen müssen, wann und durch wen Überwachungen und Messungen vorzunehmen sind.[492] Darüber hinaus muss definiert sein, wer die Ergebnisse dieser Überwachungen und Messungen analysiert und bewertet.[493] Am Ende dieses Abschnitts 9.1 der ISO/IEC 27001:2013 wird gefordert, dass als Nachweis

---

[492] ISO/IEC, 2013: ISO/IEC 27001:2013. Genf, S. 8
[493] ebenda, S. 8

angemessene dokumentierte Informationen vorgehalten werden.[494] Es muss deshalb schriftlich festgelegt werden, wer die jeweiligen Überwachungen und Messungen sowie deren Analyse und Bewertung vornimmt. In diesem Zusammenhang ist es auch sinnvoll sogenannte „Key Performance Indicators" (dt. „Leistungskennzahlen") festzulegen. Diese Aufgaben können, insbesondere in größeren Organisationen, auf mehrere Personen aufgeteilt werden. So kann beispielsweise die Einrichtung der Überwachung einer Server- oder Netzwerkkomponente durch den jeweiligen Administrator durchgeführt werden, wohingegen ein Mitarbeiter des Security Operation Center (dt. „Betriebszentrum für IT-Sicherheit") Meldungen entgegennimmt und die Auswertung der Überwachung übernimmt. In diesem Zusammenhang sollte klar definiert sein, welche Messungen und Überwachungen in welchen Intervallen vorzunehmen und auszuwerten sind. So kann beispielsweise vorgegeben werden, dass eine permanente Überwachung der Prozessorauslastung eines Servers überwacht und zudem alle zehn Sekunden der gemessene Wert aufgezeichnet wird. Bei Überschreiten eines Schwellwertes (z. B. 80 % Auslastung der Prozessoren) wird eine Alarmmeldung an festgelegte Empfänger generiert. Da meiner Erfahrung nach das IT-Personal überwiegend stark ausgelastet ist, sollte versucht werden derartige Aktivitäten nach Möglichkeit weitestgehend zu automatisieren. Dadurch können manuelle Vorgänge, außer bei der Implementierung der Überwachung und Messung, reduziert werden. Im Idealfall müssen nur Überprüfungen und Tests dieser automatisierten Vorgänge manuell durchgeführt werden, die ebenfalls genau festgelegt werden sollten (z. B. wöchentliche Überprüfung, ob Messergebnisse aufgezeichnet werden und auswertbar sind). Die Reaktion auf festgestellte Anomalien muss selbstverständlich ebenfalls überwiegend händisch erfolgen.

In die Überwachung und Messung sind gemäß der neuen Norm auch explizit die IS-Prozesse und die IS-Maßnahmen einzubeziehen.[495]

Eine weitere wichtige neue Anforderung der ISO/IEC 27001:2013 ist, dass im Rahmen der Managementreviews Aussagen gemacht werden müssen, inwieweit die Informationssicherheitsziele erfüllt werden.[496] Diese Aussagen müssen dabei auf den Rückmeldungen zur Leistungsfähigkeit der Informationssicherheit beruhen.[497] Konkret bedeutet dies, dass das Management bei seinen Ausführungen und Einschätzungen bezüglich der Erfüllung der IS-Ziele Rückmeldungen aus den oben dargestellten Überwachungen und Messungen der Informationssicherheit berücksichtigen muss. Auch an dieser Stelle fordert die neue Norm, dass die Ergebnisse der Managementreviews dokumentiert werden.[498] Deshalb sind Organisationen gut

---

[494] ebenda, S. 8
[495] ISO/IEC, 2013: ISO/IEC 27001:2013. Genf, S. 7
[496] ebenda, S. 9
[497] ebenda, S. 8
[498] ebenda, S. 9

beraten, diese Informationen möglichst plausibel und nachvollziehbar, auf jeden Fall aber schriftlich festzuhalten.

Organisationen sind nun verpflichtet, ein angemessenes Intervall für die regelmäßig durchzuführenden Managementreviews selbst festzulegen.[499] Aus meiner Sicht kann die in der alten Norm existierende Anforderung, dies einmal jährlich vorzunehmen, durchaus als Orientierungsrahmen verwendet werden.

Kapitel in der ISO/IEC 27001:2013	9
Priorität	1
Wesentliche Aufgaben	• Festlegung, wann und durch wen Überwachungen und Messungen vorzunehmen sind • Festlegung, wer diese Überwachungen / Messungen analysiert und bewertet • Aussagen im Managementreview, inwieweit Informationssicherheitsziele erfüllt werden
Geschätzter Aufwand (in PT)	5

Tabelle 14: Übersicht über die wesentlichen Aufgaben bezüglich Kapitel 9

Quelle: Eigene Darstellung

8.7 Wesentliche Aktivitäten zu Kapitel 10

Das Kapitel 10 der ISO/IEC 27001:2013 wurde im Vergleich zur alten Norm, wie in Abschnitt 6.9 „Änderungen in Kapitel 10" auf Seite 59 dieser Masterarbeit ausgeführt, verändert.

Die neue Norm fordert, dass nach dem Auftreten einer Abweichung das ISMS anzupassen ist, falls das notwendig ist.[500] Für ISO/IEC 27001:2005-konforme ISMS ergibt sich aus dieser neuen Anforderung vermutlich wenig Anpassungsbedarf. Beim Auftreten von Abweichungen (z. B. Risikoeigentümer nicht identifiziert) werden diese üblicherweise analysiert, der daraus resultierende Handlungsbedarf festgestellt und ggf. Änderungen am ISMS vorgenommen, sofern dies für sinnvoll erachtet wird.

---

[499] ISO/IEC, 2013: ISO/IEC 27001:2013. Genf, S. 8
[500] ebenda, S. 9

Auch die zweite neue Anforderung, dass Korrekturmaßnahmen zu den aufgetretenen Auswirkungen der Abweichung passend sein müssen, versteht sich eher von selbst.[501] Allenfalls Organisationen, die ein formales ISMS einem angemessenen und effektiven ISMS vorziehen, müssen ihre bisherige Vorgehensweise prüfen und ggf. anpassen.

Eine wesentlich profundere Anforderung in der ISO/IEC 27001:2013 ist, dass nach dem Auftreten einer Abweichung die notwendigen Aktivitäten zur Beseitigung der Ursache evaluiert werden müssen.[502] Dies soll verhindern, dass die Abweichung an anderer Stelle auftritt.[503] Organisationen werden also angehalten die Ursache einer Abweichung zu identifizieren und vollständig, d. h. das Auftreten innerhalb des gesamten ISMS, abzustellen. Die Bekämpfung der Symptome bzw. Auswirkung einer Abweichung ist demzufolge nicht ausreichend. Dies dürfte in vielen Organisationen zu spürbarem Mehraufwand bei der Beseitigung von festgestellten Abweichungen produzieren, da aus meiner Erfahrung eine gründliche Analyse der Ursachen, nicht zuletzt aus Zeitgründen, oftmals unterlassen wird. Dies kann unter Umständen soweit gehen, dass beispielsweise forensische Analysen notwendig werden, die Organisationen aufgrund ihres Aufwands (zeitlich und finanziell) eher sparsam als Analysemethode einsetzen.

Darüber hinaus müssen Organisationen beim Auftreten von Abweichungen untersuchen, ob ähnliche oder gleiche Abweichungen existieren oder potenziell auftreten können.[504] Diese Anforderung der ISO/IEC 27001:2013 ist auch deshalb nicht zu unterschätzen, da beim Auftreten einer Abweichung bis zu deren Beseitigung die daran Beteiligten Personen diese Aktivitäten als zusätzlichen Aufwand bewältigen müssen. Deshalb wenden sie sich nach deren Beseitigung üblicherweise umgehend ihren „eigentlichen" Aufgaben zu. Die genannte Vorgabe schreibt jedoch vor, dass alle potenziellen Orte, an denen die Abweichung in der aufgetretenen oder einer ähnlich Form auftreten kann, zu analysieren sind. Auch diese neue Anforderung führt deshalb meiner Einschätzung nach zu spürbaren Aufwänden.

Die neue Forderung, dass dokumentierte Informationen als Nachweis vorgehalten werden, welche Art von Abweichungen aufgetreten sind, dürfe indes mit unerheblichem Aufwand zu erfüllen sein.[505] Sofern nicht schon existent, sollten die Dokumentationsanforderungen (z. B. Dokumentationsrichtlinie) entsprechend angepasst werden.

[501] ebenda, S. 9
[502] ISO/IEC, 2013: ISO/IEC 27001:2013. Genf, S. 9
[503] ebenda, S. 9
[504] ebenda, S. 9
[505] ebenda, S. 9

Kapitel in der ISO/IEC 27001:2013	10
Priorität	3
Wesentliche Aufgaben	• Prüfung und ggf. Anpassung der Vorgehensweise beim Auftreten von Abweichungen
Geschätzter Aufwand (in PT)	2

Tabelle 15: Übersicht über die wesentlichen Aufgaben bezüglich Kapitel 10

Quelle: Eigene Darstellung

8.8 Potenzieller Änderungsbedarf an der Dokumentation

In diesem Abschnitt werden die potenziellen Änderungsbedarfe an bestehenden Dokumenten übersichtlich aufgezeigt. Dabei werden nur diejenigen Themen bzw. Dokumente aufgezeigt, die in der Tabelle 5 „Übersicht über die geänderten Dokumentationsvorgaben zwischen der ISO/IEC 27001:2005 und der ISO/IEC 27001:2013" ab Seite 64 dieser Masterarbeit als neue Anforderungen identifiziert wurden. Organisationen sollten ihre ISMS-Dokumentationen dahingehend prüfen, ob und falls ja, welcher Anpassungsbedarf diesbezüglich besteht:

- Beschreibung des Prozesses zur Risikobehandlung (6.1.3)[506]: Organisationen müssen prüfen, ob der Prozess zur Risikobehandlung dokumentiert ist.
- Berichte von IS-Prozessüberprüfungen (8.1)[507]: Die bestehenden Dokumente bezüglich der Dokumentation von IS-Prozessen sind zu prüfen. Anhand derer muss eindeutig feststellbar sein, ob die Prozesse wie vorgesehen ausgeführt wurden.
- Ergebnisse der Leistungsbewertung (Monitoring, Messung) des ISMS (9.1)[508]: Es muss geprüft werden, ob die vorhandenen Dokumentationen ausreichen, um die Überwachungs- und Messungsergebnisse nachweisen zu können.
- Auditpläne und Auditergebnisse (9.2 g))[509]: Diese Dokumente dienen dem Nachweis für ein angemessenes Auditprogramm sowie für durchgeführte Audits.

---

[506] ISO/IEC, 2013: ISO/IEC 27001:2013. Genf, S. 4
[507] ebenda, S. 7
[508] ebenda, S. 8
[509] ebenda, S. 8

- Abweichungen und diesbezüglich durchgeführte Aktivitäten (10.1 f))[510]: Die Abweichungen sowie die nach deren Feststellung durchgeführten Aktivitäten müssen schriftlich dokumentiert sein.

8.9 Potenzieller Änderungsbedarf aufgrund der Änderungen im Anhang A

Der potenzielle Änderungsbedarf aufgrund wesentlicher Änderungen im Anhang A der ISO/IEC 27001[511] wird in diesem Abschnitt aufgezeigt. Organisationen sollten die einzelnen Punkte prüfen und die notwendigen Anpassungen initiieren, um die Anforderungen der neuen Norm zu erfüllen.

Wie in Abschnitt 6.13 „Wesentliche Änderungen im Anhang A" auf Seite 67 dieser Masterarbeit aufgezeigt, sind im Wesentlichen folgende Maßnahmen aufgrund der Aktualisierung hinzugekommen:

- A.6.1.5 Information security in project management[512]: Es muss sichergestellt werden, dass Belange der Informationssicherheit in allen Projekten Berücksichtigung finden.
- A.6.2.1 Mobile device policy[513]: Es muss eine Politik sowie unterstützende Sicherheitsmaßnahmen angewendet werden, um die Risiken durch die Nutzung von mobilen Endgeräten zu managen.
- A.12.6.1 Management of technical vulnerabilities[514]: Informationen zu den technischen Schwachstellen eingesetzter IT-Systeme müssen zeitnah erhalten werden. Diese Schwachstellen müssen beurteilt und angemessene Maßnahmen zur Risikoreduktion implementiert werden.
- A.12.6.2 Restrictions on software installation[515]: Es müssen Regeln etabliert und umgesetzt sein, welche Software-Installationen durch Benutzer steuern.
- A.14.1.2 Securing application services on public networks[516]: Informationen, die über öffentliche Netzwerke übertragen werden, sind gegen Betrug, Vertragsstreitigkeiten, nicht-autorisierte Offenlegung und Veränderungen zu schützen.

---

[510] ISO/IEC, 2013: ISO/IEC 27001:2013. Genf, S. 9
[511] ebenda, S. 10-22
[512] ebenda, S. 10
[513] ebenda, S. 11
[514] ebenda, S. 17
[515] ebenda, S. 17
[516] ebenda, S. 18

- A.14.2.1 Secure development policy[517]: Regeln für die (sichere) Entwicklung von Software und Systemen müssen aufgestellt und innerhalb der Organisation wirksam sein.

- A.14.2.5 Secure system engineering principles[518]: Prinzipien für die systemtechnische Sicherheit müssen für jede Einführung eines Informationssystems etabliert, dokumentiert, gepflegt und angewendet werden.

- A.14.2.6 Secure development environment[519]: Organisationen müssen für die Systementwicklung und -einführung angemessen sichere Entwicklungsumgebungen aufbauen und betreiben, welche den gesamten Lebenszyklus von Systemen beachten.

- A.14.2.8 System security testing[520]: Sicherheitsfunktionen sind während des Entwicklungsprozesses zu testen.

- A.15.1.1 Information security policy for supplier relationships[521]: IS-Anforderungen sind mit Lieferanten zu vereinbaren und diese zu dokumentieren. Sie sollen die Risiken reduzieren, die daraus resultieren, dass Lieferanten Zugang zu Vermögensgegenständen der Organisation gewährt wird.

- A.15.1.3 Information and communication supply chain[522]: Organisationen müssen Vereinbarungen mit ihren Lieferanten abschließen. Sie müssen IS-Anforderungen enthalten, welche die Risiken adressieren, die aufgrund von Informations- und Kommunikationstechnik und durch Produktlieferketten mit dem Lieferanten entstehen.

- A.16.1.4 Assessment and decision on information security events[523]: IS-Ereignisse sind zu bewerten. Außerdem muss entschieden werden, ob sie als IS-Vorfälle eingestuft werden.

- A.16.1.5 Response to information security incidents[524]: Auf IS-Vorfälle muss mit den (vorher) schriftlich festgelegten Verfahren reagiert werden.

- A.17.2.1 Availability of information processing facilities[525]: Informationsverarbeitungssysteme müssen mit den notwendigen Redundanzen implementiert werden, damit sie die an sie gestellten Verfügbarkeitsanforderungen erfüllen.

---

[517] ebenda, S. 18
[518] ebenda, S. 18
[519] ISO/IEC, 2013: ISO/IEC 27001:2013. Genf, S. 19
[520] ebenda, S. 19
[521] ebenda, S. 19
[522] ebenda, S. 19
[523] ebenda, S. 20
[524] ebenda, S. 20
[525] ebenda, S. 21

- A.18.2.3 Technical compliance review[526]: IT-Systeme müssen regelmäßig überprüft werden, ob sie den Vorgaben der Organisation und der von Normen entsprechen.

8.10 Einschätzung der Änderungen

Organisationen, welche bisher nach der ISO/IEC 27001:2005 gearbeitet haben, können die meisten der vorhandenen Prozesse, Verfahren und Dokumentationen weiterhin verwenden. Entweder nach kleineren Anpassungen oder sogar ohne Änderungen daran vornehmen zu müssen. So erfordern die Themenbereiche Rekrutierung[527], Kompetenz[528], Bewusstsein[529], interne ISMS-Audits[530] oder Verpflichtung der Leitungsebene[531] nur wenige Aktualisierungen. Eine Risikobewertung, welche gemäß den Vorgaben der alten Norm von 2005 durchgeführt wurde, ist auch für die neue Norm verwendbar. Dennoch sollten Organisationen einen Umstieg auf die neue Version intensiv prüfen. Denn die Risikobewertung gemäß ISO/IEC 27001:2005 war basierend auf Vermögenswerten aufgebaut[532], was zu einem großen Detaillierungsgrad und damit zu hohen Aufwänden führen konnte. Der neue Ansatz der Bewertung von IS-Risiken ist in Anlehnung an die ISO 31000 in der neuen Norm risikobasiert.[533] Das hilft unnötige Wiederholungen zu vermeiden. Bei der neuen Version wurde mehr Augenmerk auf die Anforderungen im Hinblick auf das Managementsystem gelegt, während die Einzelheiten bezüglich Informationssicherheit auf ein für das Managementsystem erforderliche Maß reduziert wurden. Grundsätzlich bietet die neue Norm dem Anwender aber mehr Möglichkeiten, den am besten geeigneten Weg zur Umsetzung der Anforderungen selbst zu bestimmen. Und solange eine Organisation diese Möglichkeiten voll ausschöpfen kann, wird die Umsetzung der ISO/IEC 27001:2013 leichter und vorteilhafter sein, als mit der Vorgängerversion.

Die nachfolgende Tabelle zeigt für die wesentlichen Themenbereiche eine Übersicht über den Grad der Änderung an der ISO/IEC 27001.

---

[526] ebenda, S. 22
[527] ISO/IEC, 2013: ISO/IEC 27001:2013. Genf, S. 5
[528] ebenda, S. 5
[529] ebenda, S. 5
[530] ebenda, S. 8
[531] ebenda, S. 2, 8-9
[532] ebenda, S. 4
[533] ebenda, S. 4

Grad der Änderung	Geänderte Themenbereiche
Wesentlich	• Interessierte Parteien • Maßnahmen, Monitoring und Messung
Moderat	• ISMS Scope • Information Security Policy • Risikoermittlung und -behandlung • Kommunikation • Dokumentenmanagement • Anhang A
Gering	• Führung und Engagement • Statement of Applicability • Risikobehandlungsplan • Management von Personal • Interne Audits • Managementbewertung • Korrekturmaßnahmen

Tabelle 16: Übersicht über den Grad der Änderung für wesentliche Themengebiete

Quelle: Eigene Darstellung

Eine wichtige Fragestellung, die in dieser Masterarbeit beantwortet werden soll, ist, welcher Aufwand aufgrund der Aktualisierung der ISO/IEC 27001 für Organisationen resultiert. Die in diesem Abschnitt geschätzten Aufwendungen stellen aufgrund der Heterogenität der Organisationen und dem implementierten ISMS nur Richtwerte dar. Der von mir geschätzte Gesamtaufwand für die Anpassungen eines ISO/IEC 27001:2005-konformen ISMS an die neuen Anforderungen der ISO/IEC 27001:2013 beträgt 57 Personentage. Diese Einschätzung liegt etwas unterhalb der 65,5 Tage, welche im Rahmen der Expertenbefragung (7.6 „Auswertung und wesentliche Erkenntnisse", ab S. 87 dieser Masterarbeit) ermittelt wurde.

8.11 Voraussetzungen, Vorbereitung, Planung

In diesem Abschnitt sollen die wesentlichen Voraussetzungen, Vorbereitungen und Planungsaktivitäten für ein ISMS-Anpassungsprojekt aufgrund der Aktualisierung der ISO/IEC 27001 aufgezeigt werden.

Zunächst sollte die Anpassung des ISMS als Projekt aufgesetzt, geplant und schließlich umgesetzt werden. Im ersten Schritt sollte, nach einer groben Projektplanung und Budgetkalkulation, die Freigabe vom Management (z. B. Top Management, welches für das ISMS verantwortlich zeichnet) eingeholt werden. Sobald die Freigabe vorliegt ist das Budget entsprechend zu verplanen und ein detaillierter Projektplan zu entwerfen. Dieser Projektplan sollte insbesondere die erwarteten Aufwände der an der Anpassung des ISMS beteiligten Personen oder zumindest der jeweiligen Abteilungen enthalten. Mit diesem erwarteten Ressourcenbedarf sowie den notwendigen Aktivitäten sind die betroffenen Personen bzw. Abteilungen rechtzeitig zu informieren und eine Abstimmung der Vorgehensweise vorzunehmen (z. B. im Rahmen des Projektauftakts). Aufgrund der Rückmeldungen dieser Personen bzw. Abteilungen kann es notwendig sein, den vorbereiteten detaillierten Projektplan anzupassen. Angestrebt werden sollte, diesen Projektplan wiederum vom Management freigegeben zu bekommen. Mit einer solchen Managementfreigabe kann eine hohe Priorisierung der notwendigen Aktivitäten erreicht und damit die Grundlage für ein erfolgreiches Projekt gelegt werden.

Im weiteren Verlauf sollte zunächst eine Gap-Analyse durchgeführt werden, um den Anpassungsbedarf des ISMS zu eruieren. Eine Möglichkeit ist, dies, wie im folgenden Abschnitt 8.13 „Möglicher Projektablaufplan zur Anpassung eines ISMS" ab Seite 120 dieser Masterarbeit dargestellt, strukturiert nach den Kapiteln der ISO/IEC 27001:2013 vorzunehmen.

In diesem Zusammenhang sollte auch evaluiert werden, ob der Einsatz externer Unterstützung (z. B. Berater) sinnvoll ist. Neben der reinen Unterstützungsleistung beim Abarbeiten des Anpassungsprojekts kann dies auch folgende Vorteile mit sich bringen:
- Wissen und Erfahrung bzgl. der ISO/IEC 27001:2013 erhöhen
- Know-how-Transfer auf eigene Mitarbeiter
- Entlastung der eigenen Beschäftigten
- Schnellere Umsetzung des Projekts

8.12 Mögliche Strategien für die Anpassung eines ISMS

Nach Brewer kann die Aktualisierung eines bestehenden ISO/IEC 27001:2005-konformen ISMS auf die neue Version der Norm relative schnell erfolgen (innerhalb weniger Wochen).[534] Für ein solches Aktualisierungsprojekt sieht er zwei grundlegende Strategieoptionen:[535]

- Die einfache Überarbeitung: Dabei werden nur die minimal notwendigen Änderungen am bestehenden ISMS (z. B. Prozesse, Dokumentation) vorgenommen, damit es den Anforderungen der neuen Norm entspricht.
- Die vollständige Überarbeitung des ISMS: Bei dieser Option werden neben den zwingend notwendigen Änderungen auch Verbesserungsmöglichkeiten, welche die neue Norm nicht zwingend fordert, erarbeitet und ggf. implementiert. Der Transition Guide des BSI nennt hierzu noch zwei Ausprägungen zu einer derartigen Überarbeitung.[536] Zum einen können die während der Untersuchung des bestehenden ISMS festgestellten Verbesserungsmöglichkeiten umgehend oder zeitnah umgesetzt werden.[537] Zum anderen ist es möglich, die Verbesserungen für eine spätere Umsetzung nur zu kennzeichnen, um sie zu einem späteren Zeitpunkt zu implementieren.[538]

Um festzustellen, welche Anforderungen der ISO/IEC 27001:2013 vom bestehenden ISMS bereits erfüllt werden, schlägt Brewer vor eine Konformitätsbewertung und -dokumentation durchzuführen.[539] Dabei wird vollständig untersucht, welche Anforderungen der neuen Norm vom bestehenden ISMS bereits erfüllt werden. Das Ergebnis dieser Untersuchung, wie bzw. wo das bestehende ISMS bereits konform ist, wird pro Anforderung dokumentiert. Sollte die Anforderung (noch) nicht abgedeckt sein, wird dies ebenfalls vermerkt.

Ist eine solche Analyse für das bestehende ISMS hinsichtlich der ISO/IEC 27001:2005 bereits durchgeführt und dokumentiert worden, sollten die diesbezüglichen Dokumentationen die Untersuchung erleichtern. In einem derartigen Fall ist einfach feststellbar, wo Änderungen notwendig sind.[540]

[534] Brewer, D., 2014: Understanding the New ISO Management System Requirements. London, S. 69
[535] ebenda, S. 69
[536] Brewer, D.: Moving from ISO/IEC 27001:2005 to ISO/IEC 27001:2013. http://www.bsigroup.com/PageFiles/83611/BSI-ISO-IEC-27001%20Transition%20guide.pdf. Milton Keynes, S. 11. Zugegriffen am: 16.11.2014
[537] Brewer, D.: Moving from ISO/IEC 27001:2005 to ISO/IEC 27001:2013. http://www.bsigroup.com/PageFiles/83611/BSI-ISO-IEC-27001%20Transition%20guide.pdf. Milton Keynes, S. 11. Zugegriffen am: 16.11.2014
[538] ebenda, S. 11
[539] Brewer, D., 2014: Understanding the New ISO Management System Requirements. London, S. 70
[540] Brewer, D.: Moving from ISO/IEC 27001:2005 to ISO/IEC 27001:2013. http://www.bsigroup.com/PageFiles/83611/BSI-ISO-IEC-27001%20Transition%20guide.pdf. Milton Keynes, S. 11. Zugegriffen am: 16.11.2014

Dabei kann eine solche Gap-Analyse (dt. „Lückenanalyse") nach Calder von unten nach oben (engl.: „bottom-up") oder von oben nach unten (engl.: „top-down") durchgeführt werden.[541] Die bottom-up-Variante der Gap-Analyse sammelt alle Informationen über das ISMS und die implementierten Maßnahmen und prüft anschließend, ob sie den Anforderungen des Statement of Applicability und der ISO/IEC 27001:2013 genügen.[542]

Demgegenüber prüft die top-down-Variante der Gap-Analyse, ob und inwieweit die Anforderungen des ISMS und die Maßnahmen der SOA bereits implementiert wurden.[543] Calder empfiehlt den top-down-Ansatz zu wählen, da er am schnellsten die kritischen Lücken im bestehenden ISMS identifiziert.[544] Darüber hinaus können damit auch Maßnahmen gefunden werden, die zwar implementiert, aber nicht unbedingt notwendig sind und deshalb in ihrer Ausprägung reduziert oder vollständig eliminiert werden können.[545]

Brewer rät zu einer sehr ähnlichen Vorgehensweise, nimmt dabei aber stärkeren Bezug auf die ISO/IEC 27001:2013. Demnach ist einer der besten Implementierungsstrategien, die „Selbstheilungseigenschaften" der ISO/IEC 27001:2013 in Kapitel 9 „Leistungsbewertung" und Kapitel 10 „Verbesserungen" zu nutzen[546] und mit Kapitel 9 zu starten.[547] Auch er empfiehlt die Informationssicherheitsmaßnahmen und die ISMS-Prozesse zu untersuchen.[548] Im Gegensatz zu Calder[549] sieht er aber folgenden Unterschied zu einer Gap-Analyse in seinem Vorgehen: Anders als bei der Gap-Analyse werden die Lücken nicht einfach in einen Bericht dokumentiert.[550] Vielmehr sollen nach Brewer Organisationen die Vorgaben des Kapitels 10 nutzen, um unverzüglich Aktivitäten einzuleiten.[551]

Ist das bestehende ISMS in ein integriertes Managementsystem (IMS) eingebettet, kann es notwendig sein, dass das IMS gleichzeitig Annex SL-konform sein und zudem die bisherigen (vor Annex SL) Anforderungen erfüllen muss. Dies ist der Fall, wenn jeweils mindestens eine Norm bereits Annex SL-konform zu implementieren ist und eine weitere (noch) nicht. Demzufolge müssen beispielsweise Dokumentationen und Aufzeichnungen („Documents and records") nicht Annex SL-konform und dokumentierte Informationen („documented information") Annex SL-konform vorgehalten werden.[552] Brewer schlägt für eine solche Konstellation folgende

---

[541] Calder, A., 2013: Nine Steps to Success An ISO27001:2013 Implementation Overview. Cambridgeshire, S. 43
[542] ebenda, S. 43
[543] ebenda, S. 43
[544] ebenda, S. 43
[545] ebenda, S. 43
[546] Brewer, D., 2013: An Introduction to ISO/IEC 27001:2013, London, S. 110
[547] ebenda, S. 111
[548] ebenda, S. 111
[549] Calder, A., 2013: Nine Steps to Success An ISO27001:2013 Implementation Overview. Cambridgeshire, S. 43
[550] Brewer, D., 2013: An Introduction to ISO/IEC 27001:2013, London, S. 111
[551] ebenda, S. 111
[552] Brewer, D., 2014: Understanding the New ISO Management System Requirements. London, S. 70

Vorgehensweise vor. Zum einen sollte eine Aktualisierung der bestehenden ISMS-Dokumentation konform zu Annex SL erfolgen.[553] Des Weiteren sollte dokumentiert sein, dass innerhalb des ISMS zwei Typen von dokumentierten Informationen existieren, nämlich „Dokumente" und „Aufzeichnungen", und die entsprechenden Dokumente damit kenntlich gemacht werden.[554]

Die gleiche Herausforderung besteht bezüglich der Präventivmaßnahmen. Präventivmaßnahmen sind gemäß dem Annex SL und der ISO/IEC 27001:2013 nicht vorgesehen. In der bisherigen ISO/IEC 27001:2005 sind sie hingegen als Anforderung definiert. Brewer schlägt hierzu folgendes Verfahren vor.[555] Der Präventivmaßnahmenplan („preventive action plan") soll in Maßnahmenplan („action plan") umbenannt werden.[556] Außerdem ist im IMS aufzuzeigen, dass die Risikoidentifizierung die Anforderungen „feststellen von potenziellen Abweichungen und ihren Ursachen" (bisherige nicht Annex SL-konforme Anforderung, ISO/IEC 27001:2005, Abschnitt 8.3 a)[557]) erfüllt.[558] Auch die Konformität mit den Anforderungen aus der alten Norm hinsichtlich der Risikobehandlung sollte gemäß Brewer schriftlich festgehalten werden.[559] So ist es notwendig darzulegen, dass die Risikobehandlung und das „Implementieren des Maßnahmenplans" die Anforderungen „festlegen und implementieren der notwendigen Präventivmaßnahmen" (bisherige nicht Annex SL-konforme Anforderung, ISO/IEC 27001:2005, Abschnitt 8.3 c)) erfüllt.[560] Zudem ist zu überprüfen, ob Erweiterungen an den folgenden bestehenden ISMS-Bestandteilen erforderlich sind, um das IMS diesbezüglich wiederum konform zu den Anforderungen des Annex SL zu halten:

- Reaktion auf Abweichungen (ISO/IEC 27001:2013, Abschnitt 10.1 a) 1) und 2)[561])
- Feststellung, ob ähnliche Abweichungen existieren (ISO/IEC 27001:2013, Abschnitt 10.1 b) 3)[562])
- Korrekturmaßnahmen angemessen sind (ISO/IEC 27001:2013, Abschnitt 10.1[563])

---

[553] ebenda, S. 70
[554] ebenda, S. 70
[555] ebenda, S. 71
[556] ebenda, S. 71
[557] ISO/IEC, 2005: ISO/IEC 27001:2005. Genf, S. 12
[558] Brewer, D., 2014: Understanding the New ISO Management System Requirements. London, S. 72
[559] Brewer, D., 2014: Understanding the New ISO Management System Requirements. London, S. 72
[560] ebenda, S. 72
[561] ISO/IEC, 2013: ISO/IEC 27001:2013. Genf, S. 9
[562] ebenda, S. 9
[563] ISO/IEC, 2013: ISO/IEC 27001:2013. Genf, S. 9

Brewer weist darauf hin, dass diese ISMS-Bestandteile bereits existent sein können, dann aber unter Präventiv- statt unter Korrekturmaßnahmen genannt sind.[564]

Zu beachten ist bei der Aktualisierung, dass alle Änderungen an der Dokumentation des ISMS wiederum dokumentiert werden müssen (ISO/IEC 27001:2013, Abschnitt 7.5.2[565]). Außerdem weist Calder darauf hin, dass es bei der Überarbeitung des ISMS wichtig ist, dass bereits implementierte Maßnahmen aufgrund der Ergebnisse des Risikomanagementprozesses verändert werden können bzw. müssen.[566]

8.13 Möglicher Projektablaufplan zur Anpassung eines ISMS

Der nachfolgend dargelegte Projektablaufplan zeigt beispielhaft eine Möglichkeit, wie bei der Anpassung eines ISMS aufgrund der Aktualisierung der ISO/IEC 27001 vorgegangen werden kann und mit welchen ungefähren Aufwänden jeweils zu rechnen ist. Auch an dieser Stelle wird davon ausgegangen, dass die Organisation über ein ISO/IEC 27001:2005-konformes ISMS verfügt.

---

[564] Brewer, D., 2014: Understanding the New ISO Management System Requirements. London, S. 72
[565] ISO/IEC, 2013: ISO/IEC 27001:2013. Genf, S. 6
[566] Calder, A., 2013: Nine Steps to Success An ISO27001:2013 Implementation Overview. Cambridgeshire, S. 42

	Vorgangsname	Arbeit	Anfang	Fertig stellen
1	Anpassungen am ISMS aufgrund der Aktualisierung der ISO/IEC 27001	66 Tage	Do 01.01.15	Mi 28.10.15
2	Groben Projektplan erstellen	1 Tag	Do 01.01.15	Fr 02.01.15
3	Management-Freigabe für das Aktualisierungsprojekt einholen	1 Tag	Mo 05.01.15	Fr 09.01.15
4	Detaillierten Projektplan inkl. Ressourcenbedarf und betroffener Personen/Abteilungen erstellen	3 Tage	Mo 12.01.15	Fr 16.01.15
5	Abstimmung des detaillierten Projektplan mit den betroffenen Personen/Abteilungen	2 Tage	Mo 19.01.15	Fr 23.01.15
6	Ggf. Anpassung des detaillierten Projektplans	1 Tag	Mo 26.01.15	Di 27.01.15
7	Management-Freigabe für den detaillierten Projektplan inkl. den geplanten Aufwänden einholen	1 Tag	Mi 28.01.15	Do 29.01.15
8	Durchführen der Gap-Analyse zur Feststellung des Anpassungsbedarfs und Umsetzung der notwendigen Anpassungen am ISMS	57 Tage	Do 29.01.15	Mi 28.10.15
9	Kapitel 5 (Prio 1)	7 Tage	Do 29.01.15	Fr 13.03.15
10	ISMS-Anforderungen in Prozesse integrieren	2 Tage	Do 29.01.15	Fr 30.01.15
11	Informationssicherheitsziele mit strategischen Zielen in Einklang bringen	1 Tag	Do 29.01.15	Fr 30.01.15
12	Sicherstellen, dass ISMS die vorgesehenen Ergebnisse erzielt	2 Tage	Do 29.01.15	Fr 30.01.15
13	Gewährleisten, dass Top Management Führung bzgl. Informationssicherheit übernimmt	1 Tag	Do 29.01.15	Do 29.01.15
14	Etablierung, Zuweisung und Kommunikation von Verantwortlichkeiten und Befugnissen	1 Tag	Do 29.01.15	Mo 02.02.15
15	Kapitel 6 (Prio 1)	15 Tage	Mo 02.03.15	Fr 15.05.15
16	Ggf. Anpassungsbedarf bzgl. der Vermögensgegenstände, deren Eigentümer sowie deren Bedrohungen und Schwachstellen	0 Tage	Mo 02.03.15	Mo 02.03.15
17	Berücksichtigung des Kontextes der Organisation und der Anforderungen und Erwartungen der interessierten Parteien im Risikomanagementprozess	4 Tage	Mo 02.03.15	Mo 02.03.15
18	Benennung der Risikoeigentümer	2 Tage	Mo 02.03.15	Mo 02.03.15
19	Aufstellen von Kriterien für die Durchführung von IS-Risikobewertungen	1 Tag	Mo 02.03.15	Mo 02.03.15
20	Anpassung der IS-Ziele:	7 Tage	Mo 02.02.15	Fr 17.04.15
21	Messbarkeit herstellen	5 Tage	Mo 02.02.15	Fr 17.04.15
22	Berücksichtigung anwendbarer IS-Anforderungen sowie Ergebnisse der Risikobewertung und -behandlung	2 Tage	Mo 02.02.15	Fr 17.04.15
23	Festlegung der Umsetzung, des Ressourcenbedarfs, des Umsetzungstermins sowie der Verantwortlichkeiten für IS-Ziele	1 Tag	Mo 02.02.15	Fr 17.04.15
24	Kapitel 9 (Prio 1)	5 Tage	Mo 02.03.15	Fr 24.04.15

Abbildung 3: Möglicher Projektablaufplan zur Anpassung eines ISMS aufgrund der Aktualisierung der ISO/IEC 27001 (Teil 1)

Quelle: Eigene Darstellung

122

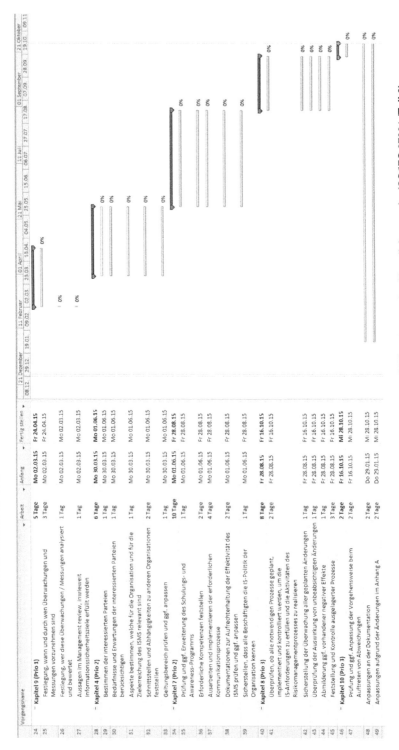

Abbildung 4: Möglicher Projektablaufplan zur Anpassung eines ISMS aufgrund der Aktualisierung der ISO/IEC 27001 (Teil 2)

Quelle: Eigene Darstellung

Der in den Abbildungen 3 und 4 gezeigte Projektablaufplan beinhaltet alle wesentlichen Projektschritte und Aktivitäten für die Aktualisierung eines bestehenden, nach ISO/IEC 27001:2005-zertifiziertes ISMS auf die neue ISO/IEC 27001:2013. Der von mir geschätzte Gesamtaufwand für ein derartiges Projekt beträgt 66 Personentage. Darin sind die in Kapitel 8 „Handlungsleitfaden für Anpassungen aufgrund der Aktualisierung der ISO/IEC 27001" ab Seite 95 in dieser Masterarbeit ermittelten 57 Personentage für die Untersuchung und Anpassung enthalten.

Wie im Projektablaufplan dargestellt, können einige Arbeitspakete parallelisiert werden. Der Grund dafür ist, dass die Aktualisierungsaktivitäten in den meisten Fällen von unterschiedlichen Personen und/oder Abteilungen vorgenommen wird. Jedoch wurde bei der zeitlichen Anordnung im Verlauf eines solchen Projekts angenommen, dass alle Arbeitspakete zumindest zum Teil vom IT-Sicherheitsbeauftragten initiiert, gesteuert und kontrolliert werden müssen.

9 Zusammenfassung

Die vorliegende Masterarbeit befasst sich mit der Aktualisierung der ISO/IEC 27001. In dieser Arbeit werden die wesentlichen Änderungen der ISO/IEC 27001:2013 gegenüber der ISO/IEC 27001:2005 untersucht und der daraus resultierende Anpassungsbedarf aufgezeigt. Aus den Ergebnissen dieser Masterarbeit ist ersichtlich, dass es sich bei der Aktualisierung um eine Evolution bzw. Weiterentwicklung dieser Norm und nicht um eine fundamentale Änderung handelt. Auch wurde herausgearbeitet, dass die neue Norm an vielen Stellen Verbesserungen für Organisationen bei deren Anwendung enthält. Zwei Beispiele sind die klare, unmissverständliche Formulierung bezüglich dem Business Continuity Management und die geänderten Anforderungen hinsichtlich dem Risikomanagement. Unter Berücksichtigung aller Veränderungen an der Norm, bin ich der Meinung, dass die Vorteile die Nachteile deutlich überwiegen.

Des Weiteren wurde der Handlungsbedarf aufgrund der Aktualisierung dieser Norm eruiert, evaluiert und detailliert beschrieben. Somit können interessierte Organisationen feststellen, welche Anpassungen notwendig sind. Sehr hilfreich sind in diesem Zusammenhang auch die vorgenommenen Aufwandsschätzungen. Diese ergaben einen Gesamtaufwand von 57 Personentagen für die notwendigen Aktualisierungsaktivitäten am ISMS. Ich teile die Einschätzung von Brewer, dass das Überwachen und Messen sowie deren Analyse und Bewertung eine der größten Herausforderung bei der Aktualisierung auf die neue Norm ist.[567]
Die vorgeschlagene Vorgehensweise in einem Projekt zur Anpassung eines bestehenden ISO/IEC 27001-konformen ISMS in einer Organisation, kann als Grundlage und zur Orientierung bei der Aufstellung einer organisationsspezifischen Vorgehensweise dienen.

Die im Rahmen der Masterarbeit durchgeführte Expertenbefragung hat im Ergebnis zu interessanten, neuen Erkenntnissen geführt. Insbesondere die Fragen nach den größten Aufwandstreibern, den Vorteilen sowie die Einschätzungen der Experten zu den erwarteten Aufwänden, ist in keiner der von mir verwendeten Fachliteratur enthalten. So ist die überwiegend positive Beurteilung der Überarbeitung der Norm ein

---

[567] Brewer, D., 2014: Understanding the New ISO Management System Requirements. London, S. 81

Indiz für deren gute Qualität. Die meisten Experten schätzen die Auswirkungen durch die Änderungen an der ISO/IEC 27001 bei integrierten Managementsystemen auf den übergreifenden Teil als gering ein. Dies war so nicht unbedingt zu erwarten, weil ein Ziel der Aktualisierung der Norm war, den Aufbau bzw. den Betrieb integrierter Managementsysteme zu erleichtern.

Die Antworten der befragten Experten nach dem Aufwand für eine Aktualisierung eines ISMS aufgrund der neuen Norm, ergaben 65,5 Personentage. Damit liegt der von mir in der Masterarbeit geschätzte Aufwand von 57 Personentagen nur unwesentlich darunter. Auch die wesentlichen Aufwandstreiber wurden von den Experten an ähnlichen Stellen gesehen, wie in meinen Ausführungen beschrieben. Es kann also angenommen werden, dass die Ergebnisse meiner durchgeführten Analysen und Schätzungen weitgehend mit den Erfahrungswerten der Experten übereinstimmen.

Ein wesentlicher Mehrwert dieser Masterarbeit liegt in den Handlungsempfehlungen für eine Aktualisierung eines bestehenden ISMS. Neben dem Änderungsbedarf und den zu erwartenden Aufwänden, wurden Vorschläge aufgezeigt, wie diese Anpassungen realisiert werden können und wie dabei vorgegangen werden kann. Organisationen bzw. die mit einem derartigen Projekt konfrontierten Personen können diese Ergebnisse als Grundlage nutzen, um sie organisationsspezifisch anzupassen und anschließend in der eigenen Organisation zu verwenden. Damit gibt die Masterarbeit Interessierten einen guten Überblick über die neue ISO/IEC 27001:2013, den aus der Aktualisierung resultierenden Handlungsbedarf, den zu erwartenden Aufwänden und darüber hinaus eine Vorgehensweise zur Realisierung an die Hand.

Aufgrund der Ergebnisse der Expertenbefragung gehe ferner davon aus, dass die neue ISO/IEC 27001:2013 in der Praxis gut angenommen wird. Ich hoffe, dass diese Masterarbeit bei der Information über die neue Norm, der Auseinandersetzung mit den Änderungen sowie bei der Implementierung der Änderungen und der Vorbereitung auf eine erfolgreiche Zertifizierung nach ISO/IEC 27001:2013 eine wertvolle Hilfestellung darstellt.

Literaturverzeichnis

Brewer, David. 2013. *An Introduction to ISO/IEC 27001:2013.* London : BSI Standards Limited, 2013.

—. **2013.** *Moving from ISO/IEC 27001:2005 to ISO/IEC 27001:2013.* [PDF-Dokument] Milton Keynes : BSI UK, 2013. http://www.bsigroup.com/PageFiles/83611/BSI-ISO-IEC-27001%20Transition%20guide.pdf. Zugegriffen am: 16.11.2014.

—. **2014.** *Understanding the New ISO Mangement System Requirements.* London : BSI Standards Limited, 2014.

Bugdol, Marek und Jedynak, Piotr. 2014. *Integrated Management Systems.* Cham : Springer, 2014.

Calder, Alan. 2013. *Nine Steps to Success An ISO27001:2013 Implementation Overview.* Cambridgeshire : IT Governance Publishing, 2013.

—. *Nine Steps to Success An ISO27001:2013 Implementation Overview.*

—. **2013.** *The Case for ISO27001:2013.* Cambridgeshire : IT Governance Publishing, 2013.

Calder, Alan und Watkins, Steve. 2012. *IT Governance An international guide to data security and ISO27001/ISO27002.* London : Kogan Page Limited, 2012.

DIN. 2008. *DIN ISO/IEC 27001 Informationstechnik - IT-Sicherheitsverfahren - Informationssicherheits-Managementsystem - Anforderungen.* Berlin : s.n., 2008.

Europäische Kommission. 2005. *Richtlinie 98/34/EG: Ein Instrument für die Zusammenarbeit zwischen Institutionen und Unternehmen zur Gewährleistung eines reibungslosen Funktionierens des Binnenmarktes; Leitfaden zum Informationsverfahren auf dem Gebiet der Normen und technischen Vors.* [PDF-Dokument] Luxemburg : Amt für Amtl. Veröff. der Europ. Gemeinschaften, Europäische Kommission, 2005. http://ec.europa.eu/enterprise/policies/single-market-goods/files/brochure-guide-procedure/2003_2121_de.pdf. Zugegriffen am: 12.12.2014.

Europäisches Parlament und der Rat. 2008. *Verordnung (EG) Nr. 765/2008.* [PDF-Dokument] Straßburg : Europäisches Parlament und der Rat, 2008. http://eur-lex.europa.eu/LexUriServ/LexUriServ.do?uri=OJ:L:2008:218:0030:0047:de:PDF. Zugegriffen am: 21.08.2014.

Flick, Uwe. 1999. *Qualitative Forschung. Theorie, Methoden, Anwendung in Psychologie und Sozialwissenschaften.* Reinbek bei Hamburg : Rowohlt-Taschenbuch-Verl., 1999.

Friedrichs, Jürgen. 1985. *Methoden empirischer Sozialforschung.* Reinbek b. Hamburg : Rowohlt, 1985.

Fuhrberg, Kai. 2001. *Internet-Sicherheit.* München : Carl Hanser, 2001.

Garz, Detlef und Kraimer, Klaus. 1991. *Qualitativ-empirische Sozialforschung: Konzepte, Methoden, Analysen.* Opladen : Westdeutscher Verlag, 1991.

Humphreys, Edward. 2002. *Guidelines on Requirements and Preparation for ISMS Certification based on ISO/IEC 217001.* London : BSI Standards Limited, 2002.

International Accreditation Forum. 2013. *Resolutions adopted at the IAF 27th General Assembly.* [PDF-Dokument] Seoul : International Accreditation Forum, 2013. http://www.iaf.nu/upFiles/Resolutions_IAF27_Approved.pdf.   Zugegriffen   am: 16.11.2014.

ISO. 2014. *Economic benefits of standards.* [PDF-Dokument] Genf : ISO, 2014. http://www.iso.org/iso/ebs_case_studies_factsheets.pdf. Zugegriffen am: 16.11.2014.

—. 2011. *ISO   in   brief.*   [PDF-Dokument]   Genf :   ISO,   2011. http://www.iso.org/iso/isoinbrief_2011.pdf. Zugegriffen am: 12.12.2014.

—. 2013. *ISO in figures 2013.* Genf : ISO, 2013.

—. 2013. *The ISO Survey of Management System Standard Certifications – 2013.* [PDF-Dokument] Genf : ISO, 2013. http://www.iso.org/iso/iso_survey_executive-summary.pdf?v2013. Zugegriffen am: 27.12.2014.

ISO/IEC. 2014. *International Standard ISO/IEC 27000.* Genf : ISO/IEC, 2014.

—. 2005. *International Standard ISO/IEC 27001.* Genf : ISO/IEC, 2005.

—. 2013. *International Standard ISO/IEC 27001.* Genf : ISO/IEC, 2013.

—. 2005. *International Standard ISO/IEC 27002.* Genf : ISO/IEC, 2005.

—. 2013. *International Standard ISO/IEC 27002.* Genf : ISO/IEC, 2013.

—. 2014. *ISO/IEC Direktiven, Teil 1.* Genf : ISO/IEC, 2014.

ISO/IEC JTC 1/SC 27. 2013. *JTC 1/SC 27/SD3 – Mapping Old-New Editions of ISO/IEC 27001 and ISO/IEC 27002.* [PDF-Dokument] Berlin : DIN, 2013. ISO/IEC, 2013: JTC 1/SC 27/SD3 – Mapping Old-New Editions of ISO/IEC 27001 and ISO/IEC 27002.   http://www.jtc1sc27.din.de/sixcms_upload/media/3031/ISO-IECJTC1-SC27_N13143_SD3_FINAL_TEXT_REV_2_Oct2013.pdf. Zugegriffen am: 18.10.2014.

Kallus, K. Wolfgang. 2010. *Erstellung von Fragebogen.* Wien : facultas.wuv, 2010.

Mayer, Horst Otto. 2013. *Interview und schriftliche Befragung.* München : Oldenbourg Wissenschaftsverlag GmbH, 2013.

Mummendey, Hans Dieter und Grau, Ina. 2014. *Die Fragebogen-Methode.* Göttingen : Hogrefe Verlag, 2014.

Münch, Peter. 2010. *Technisch-Organisatorischer Datenschutz.* Heidelberg : Datakontext, 2010.

Niedziella, Wolfgang. 2007. *Wie funktioniert Normung?* Berlin : VDE Verlag GmbH, 2007.

Pardy, Wayne und Andrews, Terri. 2010. *Integrated Management Systems: Leading Strategies and Solutions.* Lanham : Government Institutes, 2010.

Schaaf, Thomas. 2013. *ISO/IEC 27001:2013 – Der neue Standard für Informationssicherheits-Management.* [PDF-Dokument] München : Munich Institute for IT Service Management, 2013. http://www.mitsm.de/download/fachartikel/mitsm-iso-27001-wissenswertes-zum-update-2013/download. Zugegriffen am: 22.11.2014 .

Anhang

Fragenkatalog

Der vorliegende Fragebogen bezieht sich auf den Themenkomplex ISO/IEC 27001. Diese ISO/IEC-Norm wurde im Oktober 2013 durch Herausgabe der zweiten Version aktualisiert: ISO/IEC 27001:2005 auf ISO/IEC 27001:2013. Mit diesem Fragenkatalog möchte ich Ihre Einschätzungen zur aktualisierten Version und insbesondere zu deren Auswirkungen ermitteln. Bitte beachten Sie beim Ausfüllen die folgenden Bearbeitungshinweise:

I. Bitte beantworten Sie den Fragenkatalog aus Sicht **aller nach ISO/IEC 27001 zertifizierten Organisationen** in **Deutschland**; nicht nur aus Sicht einer bzw. Ihrer Organisation.

II. Gehen Sie, sofern notwendig, von einer **Organisationsgröße** von 1.000 Mitarbeitern und mehreren Niederlassungen, die z. T. im Ausland liegen, aus.

III. Lesen und beachten Sie bitte die **Bearbeitungshinweise** bei einigen Fragen. Diese beziehen sich ausschließlich auf die Fragen, bei denen sie angegeben sind.

IV. Das **Erläuterungsfeld** muss nicht ausgefüllt werden.

V. Die ausgefüllten Fragebogen behandle ich **vertraulich**. Sie werden nach deren Auswertung mit einem sicheren Verfahren **vernichtet**; spätestens am 2014-12-31.

VI. Die Fragebogen werden **anonymisiert** ausgewertet und ausschließlich für die Anfertigung einer wissenschaftlichen Arbeit verwendet. In dieser erfolgt keine Namensnennung der Teilnehmer.

VII. Sollten Sie **Fragen oder Hinweise** zu dem Fragenbogen haben, können Sie mich gerne kontaktieren: Stefan Beck, 0163 XXXXXX, XXX@XXXX.de.

- Wie vielen Organisationen ist bekannt, dass eine neue Version der ISO/IEC 27001 veröffentlicht wurde?

    ☐ 0-10 %

    ☐ 11-30 %

    ☐ 31-60 %

    ☐ 61-90 %

    ☐ 91-100 %

    Erläuterung: Klicken Sie hier, um Text einzugeben.

- Wie vielen Organisationen ist bekannt, dass diese neue Version der ISO/IEC 27001 Veränderungsbedarf in ihrer Organisation hervorruft?
  Bearbeitungshinweis: Hier sind nur Organisationen gemeint, die sich an der Norm orientieren bzw. nach diesem zertifiziert sind.

  ☐ 0-10 %
  ☐ 11-30 %
  ☐ 31-60 %
  ☐ 61-90 %
  ☐ 91-100 %
  Erläuterung: Klicken Sie hier, um Text einzugeben.

- Wie beurteilen die Organisationen die Überarbeitung der Norm?

  ☐ positiv
  ☐ neutral
  ☐ negativ
  Erläuterung: Klicken Sie hier, um Text einzugeben.

- Wie viele Organisationen werden den Vorgaben der veränderten Norm folgen und damit ihr Zertifikat aufrechterhalten?

  ☐ 0-10 %
  ☐ 11-30 %
  ☐ 31-60 %
  ☐ 61-90 %
  ☐ 91-100 %
  Erläuterung: Klicken Sie hier, um Text einzugeben.

- Gibt es Organisationen, die sich aufgrund der Veränderungen an der ISO/IEC 27001 dazu entscheiden, die Vorgaben dieser Norm **nicht** mehr einzuhalten?

  ☐ Nein
  ☐ Ja, bis 10 %
  ☐ Ja, 11-30 %
  ☐ Ja, 31-60 %
  ☐ Ja, 61-90 %
  ☐ Ja, 91-100 %
  Erläuterung: Klicken Sie hier, um Text einzugeben.

- Welche inhaltlichen Änderungen an der ISO/IEC 27001 werden von der Mehrzahl der Organisationen **abgelehnt**?
  Bearbeitungshinweis: Es müssen nicht zwingend fünf Aspekte angegeben werden.

  ☐ 1. Klicken Sie hier, um Text einzugeben.

  ☐ 2. Klicken Sie hier, um Text einzugeben.

  ☐ 3. Klicken Sie hier, um Text einzugeben.

  ☐ 4. Klicken Sie hier, um Text einzugeben.

  ☐ 5. Klicken Sie hier, um Text einzugeben.

- Welche inhaltlichen Änderungen an der ISO/IEC 27001 werden von der Mehrzahl der Organisationen **begrüßt**?
  Bearbeitungshinweis: Es müssen nicht zwingend fünf Aspekte angegeben werden.

  ☐ 1. Klicken Sie hier, um Text einzugeben.

  ☐ 2. Klicken Sie hier, um Text einzugeben.

  ☐ 3. Klicken Sie hier, um Text einzugeben.

  ☐ 4. Klicken Sie hier, um Text einzugeben.

- Wie geht die Mehrzahl der Organisationen derzeit mit der neuen ISO/IEC 27001:2013 um?

  ☐ Passiv (keine Aktivitäten)

  ☐ Abwartend (z. B. Informationen beschaffen, keine konkreten Schritte innerhalb der Organisation)

  ☐ Aktiv (z. B. Evaluierung des Anpassungsbedarfs, Schulung, Anpassungen aufgrund der Aktualisierung)

  Erläuterung: Klicken Sie hier, um Text einzugeben.

- Wann wird der Großteil der Organisationen beginnen die notwendigen Veränderungen aufgrund der Aktualisierung der ISO/IEC 27001 vorzunehmen?

  ☐ Anpassungen bereits vorgenommen

  ☐ bis 6 Monate

  ☐ 6 Monate bis 1 Jahr

  ☐ 1 bis 2 Jahre

  ☐ Größer 2 Jahre

  ☐ Rechtzeitig, bevor die neue Norm zwingend umgesetzt sein muss.

  Erläuterung: Klicken Sie hier, um Text einzugeben.

- Welcher geschätzte Aufwand resultiert für eine Organisation aus der Aktualisierung der ISO/IEC 27001?
  Bearbeitungshinweis: Bitte gehen Sie bei der Beantwortung dieser Frage von folgenden Rahmenbedingungen aus: Es handelt sich um ein Unternehmen aus dem Dienstleistungssektor mit ca. 1.000 Mitarbeitern und fünf Standorten, drei davon international.

☐ Bis 10 Tage	☐ Bis 1.000 Euro
☐ 11 bis 50 Tage	☐ 1.001 bis 10.000 Euro
☐ 51 bis 100 Tage	☐ 10.001 bis 50.000 Euro
☐ 101 bis 200 Tage	☐ 50.001 bis 100.000 Euro
☐ 201 bis 500 Tage	☐ 100.001 bis 300.000 Euro
☐ 501 bis 1.000 Tage	☐ 300.001 bis 500.000 Euro
☐ Mehr als 1.000 Tage	☐ über 500.000 Euro

  Erläuterung: Klicken Sie hier, um Text einzugeben.

- Aus welchen inhaltlichen Änderungen an der ISO/IEC 27001 resultieren die höchsten Aufwendungen?
  Bearbeitungshinweis: Es müssen nicht zwingend fünf Aspekte angegeben werden.

  ☐ 1. Klicken Sie hier, um Text einzugeben.
  ☐ 2. Klicken Sie hier, um Text einzugeben.
  ☐ 3. Klicken Sie hier, um Text einzugeben.
  ☐ 4. Klicken Sie hier, um Text einzugeben.
  ☐ 5. Klicken Sie hier, um Text einzugeben.

- Haben große Organisationen einen größeren Aufwand, um die geänderten Vorgaben der ISO/IEC 27001 zu implementieren, als kleinere?

  ☐ Ja
  ☐ Nein

  Erläuterung: Klicken Sie hier, um Text einzugeben.

- Welche inhaltlichen Änderungen in der ISO/IEC 27001:2013 führen nur für sehr große Organisationen (über 5.000 Mitarbeiter) zu signifikanten Aufwendungen?

  ☐ 1. Klicken Sie hier, um Text einzugeben.
  ☐ 2. Klicken Sie hier, um Text einzugeben.
  ☐ 3. Klicken Sie hier, um Text einzugeben.
  ☐ 4. Klicken Sie hier, um Text einzugeben.

- Welche Einsparpotenziale (z. B. Synergieeffekte, Wegfall von Vorgaben) resultieren aus der Aktualisierung der ISO/IEC 27001 innerhalb der nächsten drei Jahre nach Implementierung der Änderungen (ohne Gegenrechnung des Implementierungsaufwands)?
  Bearbeitungshinweis: Bitte gehen Sie bei der Beantwortung dieser Frage von folgenden Rahmenbedingungen aus: Es handelt sich um ein Unternehmen aus dem Dienstleistungssektor mit ca. 1.000 Mitarbeitern und fünf Standorten, drei davon international.

  ☐ Bis 10 Tage ☐ Bis 1.000 Euro

  ☐ 11 bis 50 Tage ☐ 1.001 bis 10.000 Euro

  ☐ 51 bis 100 Tage ☐ 10.001 bis 50.000 Euro

  ☐ 101 bis 200 Tage ☐ 50.001 bis 100.000 Euro

  ☐ 201 bis 500 Tage ☐ 100.001 bis 300.000 Euro

  ☐ 501 bis 1.000 Tage ☐ 300.001 bis 500.000 Euro

  ☐ Mehr als 1.000 Tage ☐ über 500.000 Euro

  Erläuterung: Klicken Sie hier, um Text einzugeben.

- Aus welchen inhaltlichen Änderungen an der ISO/IEC 27001 resultieren die höchsten Einsparpotenziale (z. B. durch den Wegfall bzw. die Reduzierung von Anforderungen)?
  Bearbeitungshinweis: Es müssen nicht zwingend fünf Aspekte angegeben werden.

  ☐ 1. Klicken Sie hier, um Text einzugeben.

  ☐ 2. Klicken Sie hier, um Text einzugeben.

  ☐ 3. Klicken Sie hier, um Text einzugeben.

  ☐ 4. Klicken Sie hier, um Text einzugeben.

- Welche Auswirkungen durch die Änderungen an der ISO/IEC 27001 sind bei integrierten Managementsystemen (IMS) auf den übergreifenden Teil des Managementsystems zu erwarten?
  Bearbeitungshinweis: Bei einem integrierten Managementsystem werden mehrere Normen innerhalb der Organisation in einem zentralen Managementsystem überwacht, gesteuert und verbessert.

  ☐ Keine Auswirkungen

  ☐ Geringe Auswirkungen, nämlich: Klicken Sie hier, um Text einzugeben.

  ☐ Große Auswirkungen, nämlich: Klicken Sie hier, um Text einzugeben.

- Wie beurteilen an der Norm ISO/IEC 27001 **interessierte**, aber nicht danach zertifizierte Organisationen die Überarbeitung der Norm?

☐ positiv

☐ neutral

☐ negativ

Erläuterung: Klicken Sie hier, um Text einzugeben.

- Welche Auswirkung hat die Überarbeitung der ISO/IEC 27001 auf an dieser Norm **interessierte**, aber nicht danach zertifizierte Organisationen?

  ☐ Gesteigertes Interesse

  ☐ Gleichbleibendes Interesse

  ☐ Abnehmendes Interesse

  Erläuterung: Klicken Sie hier, um Text einzugeben.

- In welchem Maße wird der Implementierungsaufwand der ISO/IEC 27001:**2013** im Vergleich zur ISO/IEC 27001:**2005** für noch nicht zertifizierte Organisationen verringert bzw. erhöht?

  ☐ Keine Veränderung

Verringerung	**Erhöhung**
☐ bis 10 %	☐ bis 10 %
☐ 11-30 %	☐ 11-30 %
☐ 31-60 %	☐ 31-60 %
☐ 61-90 %	☐ 61-90 %
☐ über 90 %	☐ über 90 %

  Erläuterung: Klicken Sie hier, um Text einzugeben.

- In welchem Maße wird der, **nach** einer ISO/IEC 27001-Implementierung, anfallende Aufwand durch die Aktualisierung der Norm verringert bzw. erhöht (z. B. zur Pflege des ISMS)?

  ☐ Keine Veränderung

Verringerung	**Erhöhung**
☐ bis 10 %	☐ bis 10 %
☐ 11-30 %	☐ 11-30 %
☐ 31-60 %	☐ 31-60 %
☐ 61-90 %	☐ 61-90 %
☐ über 90 %	☐ über 90 %

  Erläuterung: Klicken Sie hier, um Text einzugeben.

Über den Autor

Stefan Beck ist bei Sopra Steria Consulting als Manager in der Abteilung „Information Security Solutions" tätig. Er ist Experte für Informationssicherheit und Datenschutz. Schwerpunkte seiner Tätigkeit sind die Einführung und Weiterentwicklung von Informationssicherheits-Managementsystemen (ISMS), die Erstellung von Sicherheitskonzepten sowie die Durchführung von Risikoanalysen und Audits. In seinen Projekten hat er wiederholt Informationssicherheits-Managementsysteme in unterschiedlichen Organisationen implementiert bzw. weiterentwickelt, die anschließend erfolgreich nach IT-Grundschutz bzw. ISO 27001 zertifiziert wurden. Zudem besitzt er umfangreiches Know-how und wertvolle Erfahrungen als Projektmanager in IT-Sicherheitsprojekten.

Er verantwortet das Thema ISMS für Netzbetreiber und ist zudem an der Themenentwicklung der Abteilung „Information Security Solutions" beteiligt. Herr Beck verfügt über ein großes Netzwerk zu Informationssicherheits-Experten, IT-Sicherheitsbeauftragten, Datenschutzbeauftragten sowie Organisationen im Bereich IT-Security.

Im Bereich Informationssicherheit ist Stefan Beck seit mehr als zehn Jahren beruflich tätig. Darüber hinaus besitzt er umfangreiche Erfahrungen in unterschiedlichen Branchen und berät namhafte Kunden in Deutschland. Zahlreiche Fachartikel (z. B. <kes>) unterstreichen seine Expertise und Erfahrungen im Bereich Informationssicherheit und Cyber-Security.

Herr Beck hat Betriebswirtschaftslehre mit dem Schwerpunkt "Wirtschaftsinformatik und Organisation" studiert und war anschließend bei der Firma DATEV sowie im Systemhaus Bechtle tätig. Das berufsbegleitende Masterstudium „Security Management" (M.Sc.) an der FH Brandenburg hat er Anfang 2015 mit seiner Masterarbeit „Aktualisierung der ISO/IEC 27001: Änderungsbedarf und Handlungsempfehlungen" abgeschlossen.

Stefan Beck besitzt folgende Zertifizierungen:
- ISMS ISO/IEC 27001 Auditor/Lead Auditor
- Auditteamleiter für ISO 27001 Audits auf der Basis von IT-Grundschutz (BSI)
- IS-Revisions- und IS-Beratungsexperte auf der Basis von IT-Grundschutz (BSI)
- Cyber Security Practitioner (ISACA)
- Datenschutzbeauftragter DSB-TÜV (TÜV Süd)
- Foundation Certificate in IT Service Management (ITIL)
- SAP Security